方
の極意

Gakken

PROLOGUE

仕事とは価値を伝えること

仕事とは価値を伝えることです。
その価値に対して、人は対価を支払います。
上手に価値を伝えるための話し方や伝え方が大事なことは、
社会人ならば身に染みて感じているでしょう。
今は情報がたくさん溢れ、お客様も、上司も、部下も
日々忙しさが増しています。そのなかで、
「いかに短い時間で価値を伝えられるか」ということは、
多くのビジネスパーソンにとって、とても重要な課題です。
もちろん、ゆっくり時間がとれればよいのですが、
たとえば、たった数分のプレゼンで、今までの苦労を

商品開発･経営コンサルタント
美崎栄一郎

自身の豊富な成功体験をもとにビジネス書の執筆や講演も行う。ノート術の権威としても有名。著書『「結果を出す人」はノートに何を書いているのか』は大ベストセラーに。

すべて伝えなければいけないことは、よくあることでしょう。
会話は知識と経験で上手になっていきます。
本書にある会話やコミュニケーション、プレゼンなどの
ノウハウを取り入れて、積み重ねてきた苦労を
上手に価値につなげるヒントを見つけてみてください（美崎）。

仕事＝価値を伝える
会話って「話す」だけじゃなくて「聞く」こともすごく重要だよね。
わかりやすく相手に伝えることってみんなはちゃんと考えたことある？

CONTENTS

仕事の教科書 mini

10倍成果が上がる！

話し方の極意

本書は、2015年5月刊行『10倍成果が上がる！話し方の極意』(Gakken)の新装版です。

登場する人物の肩書きや所属、掲載内容は取材当時のものです。

▶10倍成果が上がる！　話し方の極意

会話編

話し上手になる
即戦力のトークテクニック

START！

YES

NO

大勢の前で
話すのは
とても緊張する

YES

NO

答えづらい
質問をされると、
つい
黙ってしまうほうだ

NO

YES

話し方で嫌な思いをした人はこんなに多い！

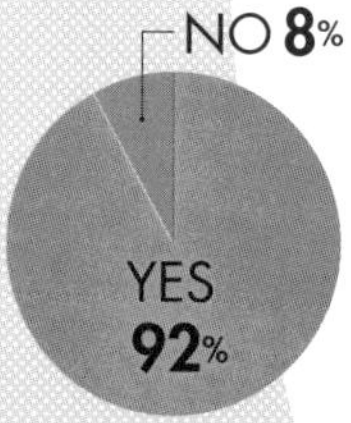

「ビジネスシーンで『この人の話し方、苦手』と思ったことはありますか」という質問に、なんと92%もの人がYESと回答する結果に。このことから、ビジネスシーンではトークテクニックを磨くことがとても大事だと言える。自分は関係ないと思っているあなた。じつは嫌われているかも……!?

（全国の20～49歳の有職者の男女を対象にアンケート調査を行った。2014年6月30日～7月1日アイリサーチ調べ）

あなたが考える「話し上手」な人とはどんな人だろうか。話題が豊富な人、笑顔が素敵な人、おもしろいジョークばかり言う人……など、人によってイメージは異なるはずだ。そして、そうしたイメージを持ちながらも多くの人は、自分が会話下手だと自認しているだろう。今、このページを読んでいるあなたも先ほどあげた「話し上手」な人に憧れて本誌を手に取ったのではないだろうか。

では、どうすれば話がうまくなるのか。じつはほんの少しのテクニックだけで簡単に会話上手になれるのだ。ここでは憧れの会話上手になるための、短時間で身につくさまざまなトークテクニックを紹介する。

人の振り見て我が振り直せ

嫌われる話し方診断

あなたは話し方で嫌われているのか、
そしてどんな話し方のタイプなのか、このチャートで診断しよう。

あなたのタイプがわかる

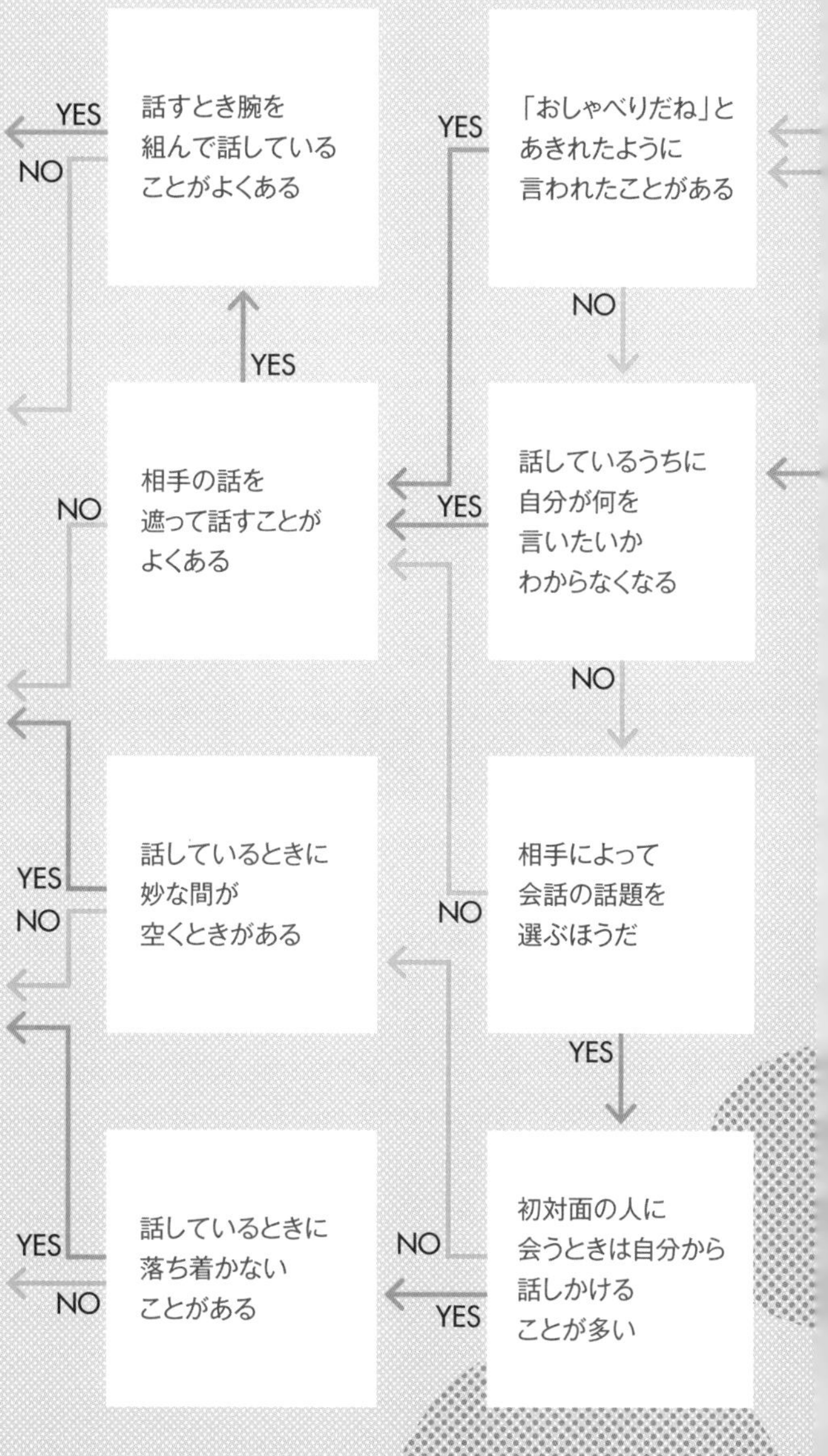

「おしゃべりだね」とあきれたように言われたことがある
YES
NO
話しているうちに自分が何を言いたいかわからなくなる
YES
NO
相手によって会話の話題を選ぶほうだ
NO
YES
初対面の人に会うときは自分から話しかけることが多い
NO
YES
話すとき腕を組んで話していることがよくある
YES
NO
相手の話を遮って話すことがよくある
YES
NO
話しているときに妙な間が空くときがある
YES
NO
話しているときに落ち着かないことがある
YES
NO

オレがえらいんだ!

高圧的タイプ

「常に上からものを言う人」「高圧的に命令調で話しかける人」など自分が一番えらいと思っている人にありがち。

とにかくしゃべりたい

一方的タイプ

「人の話を最後まで聞かず、遮って話を始める人」「早口で聞き取れない人」など自分ばかり一方的に話すタイプ。

間がもたない……

だんまりタイプ

「話題がつながらず間がもたない人」「会話をしていて、妙に間が空く人」などすぐ黙りこんでしまうタイプ。

どこ見てるの?

そわそわタイプ

「すぐにテンパって何を言っているか分からない人」など常に焦ってしまうタイプ。相手と目を合わせないのも特徴。

スキル習得済み!

会話上手タイプ

本誌を読んで
さらにスキルアップをはかろう!

「聞く」「話す」「質問する」は会話上手の三本柱！

会話が下手だと思っている人に限って、会話＝（イコール）話すことと思いがちだが、決して会話上手＝流暢に話すことではない。では、具体的にどんな人が会話上手なのか？その鍵は「聞く」「話す」「質問する」にある。

「会話」を再生できるくらい相手の話に耳を傾ける

「コミュニケーションの基本は、話すことより聞くことです」と齋藤孝さんは言う。世の中には聞くより話したがりが多く、聞き上手には人が集まる。したがって、こ

Takashi Saitoh

齋藤 孝

明治大学教授

齋藤 孝が提唱！

PROFILE

東京大学法学部卒業。東京大学大学院教育学研究科博士課程等を経て現職。専門は教育学、身体論、コミュニケーション論。2001年出版の『声に出して読みたい日本語』が260万部のベストセラーになり、日本語ブームを作った。著書は『質問力』『雑談力があがる話し方』『15秒で自分を伝える「会話」の授業』等多数。

の人と会話がしたいと思わせるには聞き上手になる必要があるのだ。では、聞き上手になるにはどうしたらよいか。

「相手の話を再生できるくらいきちんと聞いていますか？ 会話を要約してポイントを落とさずに再生して、繰り返し話せるくらいでなければ聞いたとはいえません」

再生して話せるくらい聞けば、相手も話をよく聞いてくれたと喜び、再生することでポイントを要約して話す力も身につく。

「加えて大切なのが質問力。相手に気持ちよく話してもらうためにも、質問しましょう」

自分が話す場ではないと割り切り、質問で相手に話させる。

しっかり聞いて、話して、質問する。相手の話と自分の話を上手にからめることが、会話上手になる近道といえるだろう。

聞く

会話上手の基本は「聞く8割、話す2割」。とはいえ、ただ聞いているだけでは、会話上手とは言えない。「この人、私の話をちゃんと聞いているな」と思われるように、的確なあいづちを打つことを心がけよう。

話す

自分のことばかり話しても会話は弾まない。「相手との接点」を探って、共通の話題を見つけよう。このとき、だらだら話さず、ポイントをある程度まとめて話すこと。否定から入らないのも重要だ。

質問する

実際に会話したことがほとんどない人と2人きりになったときに、便利なのが「質問」。「若くいる秘訣って何ですか？」「休日にはいつも何をされているんですか？」というように質問で沈黙を乗り切ろう。

 撮影／細野秀穂（P12～19）

聞く力

聞く力が良好な人間関係を作る

「聞く力」とは自分に「聞ける能力」があるかどうかが重要になる。話を聞く準備があるということを相手に示せる6つのポイントを説明しよう。

聞く力 1

相手に共感する

会話において、相手が自分を肯定しようとしているか否定しようとしているかは重要なポイントとなる。「聞く心」を養うには、自分自身の価値観をおいておいて、相手の考えに身をゆだねること。会話は自己主張の場ではない。あらかじめ作ったストーリーにこだわらず、相手に共感することで会話はスムーズになる。

私もそんなふうに
感じることがあります。
○○さんもそうなんですね

聞く力 4

アクティブに聞く

聞くという行為は受動的なものだが、積極的な受動性がほしいもの。話を聞き流しているようでは、きちんと聞いたとは言えない。積極的に聞いているかどうかは、聞いた話を要約したり、再生したり、質問できるかどうかでわかる。相手の話にインスパイアされて、新たな意見が生まれるような、そんな聞き方をしよう。

今、おっしゃったことって
○○ということでしょうか

聞く力 2

相手にゆだねる

相手の言うことを否定も肯定もせずに、まずはじっくり耳を傾けるのも効果的。音楽に身をゆだねるように、リラックスして相手の話をひたすら聞く。「自分はこう思うんだけど……」「それは違うんじゃないかな」といった自己主張や否定はせず、共感をもって聞くこと。そうすると、相手は話しやすくなり、会話が弾む。

そうなんですね。
もっと
聞かせてもらえますか

聞く力 3

心にスペースを作る

話を聞くときは、何も考えずひたすら相手の話に耳を傾けるのがよい。たとえば「転職したい」と相談されたときに、自分の頭が「転職したほうがいい」という先入観でいっぱいだったら相手の話を聞く前にその先入観を押し付けてしまうだろう。心に「聞くスペース」を作って聞く準備をすることが大切。

なんでそんな風に
思ったか、
聞かせてもらえる?

聞く力 5

わざとぼける

会話でただ肯定しているだけではイエスマンに過ぎない。おもしろみも生まれない。ちょっとした隙を作ることで、会話の潤滑油となる。時には脱線したり、ボケたりしてもよいのだ。ただし、ビジネスシーンでは、話がずれてしまったら、自ら戻すための道筋を作ることが大切だ。

そういえば、
私も学生時代はぼんやり
してました。
すみません。話がずれました

聞く力 6

キャラクターをつかむ

十人十色という言葉があるように、人にはそれぞれ個性がある。その個性を否定せずに、そこに光を当てるような聞き方をしよう。相手のクセを見抜き、居場所を作ってあげる。キャラを立たせてあげるのだ。「そんな意見、おかしいと思う」などと否定するのではなく、肯定してあげることが重要だ。

その発想は
思いつきませんでした。
○○さんならではですね!

話す力

雑談力をつければもう会話に困らない！

話題に困ったときに便利なのが雑談だ。日常、突然訪れる何気ない話をする時間を雑談力を身につけることで乗り切ろう。

まずはあいさつに「今日は涼しいですね」などと一言加えて、話のきっかけを作る。

雑談が始まったら、話す内容はなんでもよい。オチをつける必要もない。

長々と雑談するのはよくない。サッと本題に入るために「それでは……」と切り替えよう。

お久しぶりです。まだまだ暑いですね～。 POINT 1

本当になかなか夏が終わりませんね。

最近は扇風機が売れているそうですよ。 POINT 2

そうなんですか。節電にもなりますしね。

私も買いましたが、けっこう便利なものですよ。

私も購入を考えているんです。

今度のセールでいかがですか。

いいですね～。

話は変わりますが、POINT 3 昨日のサッカー、ご覧になりました？

見ましたよ。ＰＫで負けてしまって残念でしたね。

本当に。次は勝てるといいですね。

ですよね。次こそ期待しちゃいますね。

POINT 4 それではまた今度、食事でもしながら話しましょう。

ぜひ行きましょう。さて、本題に入りましょうか。

POINT 1 あいさつ＋α

最初の一言をあいさつだけで終わらせてはもったいない。天気の話や最近行ったお店の話など、もうひとネタ付け加えることで会話が弾む。近くの建物などをネタにしてもよい。一言入れることで人間関係は円滑になる。

POINT 2 雑談に中身はいらない

雑談は意味のない話、とりとめのない話でよい。たとえば、扇風機の売れ行きが何%上昇して、それによって何が起きたか、を具体的に話す必要はない。雑談は話す内容に意味があるのではなく、話すこと自体に意味があるのだ。

POINT 3 オチや結論は不要

雑談の途中で話をまとめる必要はない。めまぐるしく話題が変わって、なんとなく話が続いていけばよいのだ。結論やオチがあったら、それは雑談ではなく議論。雑談はあくまで相手と打ちとけることが目的だと理解しよう。

POINT 4 サッと切り上げる

雑談はどこで切り上げても問題はない。意味のない話だからこそ、だらだらと引き伸ばさなくてもいい。話の途中であっても「それではまた」「じゃあ、今度」の一言で、不自然になることなく雑談を終わらせることができる。

質問力

どんどん話題を広げる質問をする

話題に詰まったら、相手に話させるためにも、質問すればよい。ただし、話が展開していくような質問を心がけなければならない。

NG クローズドクエスチョン

相手が「はい」「いいえ」または、AかBの択一で応えられるような、回答範囲が限定された質問をクローズドクエスチョンという。相手がどう考えているかをはっきりさせたいときには有効な質問方法だが、話題を広げていきたいような場面には向いていない。

昨日は残業
だったんですか?

先日、
大阪に行かれたと
お聞きしましたが、
お仕事だったんですか?

OK オープンドクエスチョン

「どうしてそうしたのですか？」「どうでしたか？」のように相手が自由に応えられる質問をオープンドクエスチョンという。相手が制約なく自由に応えられるので、話題を展開しやすく、雑談をしたいときには有効な質問方法。相手本位の話にも持っていきやすい。

昨日は
どうして遅くまで
仕事されて
いたんですか?

先日、
出張で大阪に行ったのは
どんなお仕事
だったんですか?

質問することで相手本位の話に導く

接点の少ない取引先の人とタクシーで2人きり。何を話したらよいか皆目見当がつかない。

「まずは向こうに教えを乞うつもりで質問してみましょう。共通の話題を踏まえつつ、相手の話を引き出すことです」と齋藤さんは言う。話のきっかけになるものを探すのも得策だ。

「相手が身につけているものを話題に質問するのもよいですね。つまり相手本位の話になるように持っていけばよいわけです」

CACE 1

取引先のお偉いさんとタクシーで2人きり!

目上の人と話すときは、どんな話題であっても「教えを乞う」という姿勢が大事。「自分は新人なのでベテランの方に聞きたい」という気持ちを伝える。

20 代で
心がけることは
ありますか?

CACE 2

若い社員と打ちとけたい

今の20代は濃い人間関係には慣れていない人が多い。反応が薄くても怒らず、相手の反応を具体的に聞き出すような質問を投げかけてみよう。

今、若い人の
間では
○○なのかい?

質問で会話を広げよう！

CACE 3

営業先で仕事以外の雑談ができない!

相手が前回話したことを覚えておき、そのことにまつわる話を振るというアプローチを。向こうの話をしっかり聞いていたという印象も与えられる。

以前、お聞き
しましたが、料理が
趣味なんですか?

CACE 4

酔うと説教が長い上司に捕まってしまった!

説教を回避するには質問すること。上司が自分ヒストリーを語りだせばしめたもの。説教好きはだいたい自分話も大好きなので、説教は止まる。

課長が若い頃は
どんな感じ
だったんですか?

相手に9割しゃべらせる

聞き方・質問術

**会話がうまくできない人は、「聞くのが下手」であることが多い。
「聞く」ことに特別なテクニックは必要ないように思えるかもしれないが、
会話の核は「聞く技術」にある。
聞き方の技術を学び、質問力も高めて会話上手を目指そう。**

人は黙って話を聞けない!?

コミュニケーション心理学のスペシャリスト、松橋良紀さん曰く、聞き下手な人が多いそうだ。

「相手の話を黙って聞ける人は、ほとんどいません。また、少しでも沈黙があるとすぐ自分が話し出そうとする。たった2秒でも我慢できないんです」

では、なぜ人は話しすぎてしまうのだろう。

「自分が話している時間は短く感じるが、話を聞いている時間は長く思える。そのせいでつい話しすぎてしまうんです。話す割合は自分が1、相手が9くらいのバランスを心がけ、相手の話を『聞き取る力』を身につけましょう」

松橋さんの著書

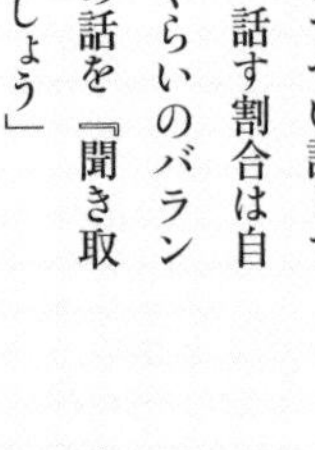

なぜか好かれる人
27のルール
(三笠書房)

好かれる人が日常している習慣を解説。絶妙なタイミングで相手の好む言葉を使い、相手の喜ぶしぐさができる。

教えてくれた人

松橋良紀さん

株式会社リフレームズ　代表取締役。コミュニケーション総合研究所代表理事。セミナーでは営業マンを中心に、多数の受講者の人生を劇的に変えている。

コミュニケーションレベルチェック

- 悩みごとを相談されたら「がんばれよ」と励ましてあげることが多い
- 仕事の相談を受けたときには、その場でしっかりアドバイスするようにしている
- 相手の話を理解するために、いろいろと質問することが多い
- 相手が話してくれたことに対しては、必ず自分の意見も言うようにしている
- 相手が取り越し苦労をしているときには「気にするなよ」と言ってあげる
- 悩みごとを打ち明けられたときにはいろいろとアドバイスをする
- 相手が口ごもっているときには、いろいろな角度から質問を投げかける
- 相手が落ち込んでいるときには明るい話をして元気づけてあげる
- 会議で一人ずつ意見を求められている場合、頭の中であれこれ発言を考える
- 相手が暗い話をしたら、暗い気分を変えるためにジョークで紛らわしてあげる
- 相手の話があちこちに飛ぶ場合は、要領よくまとめてあげる
- 話し手が感情的になっているときは冷静にさせるため論理的な話をする
- 相手の悩みを解決するのには自信がある
- 会話が途切れると黙っていられないほうだ
- 相手が話し始めた話題は、話のポイントを積極的に相手に伝える
- 目を見ると失礼なのでなるべく見ないで話を聞いている

\ 当てはまったらチェック！ 多い人ほど問題あり？ /

2個以下

素晴らしい聞き方テクニックの持ち主。カウンセラーレベルの聞き方。この調子でどんどん聞き役のスペシャリストになろう！

3～6個

聞いているようで、相手の話を聞けていない状態。表面的な部分でしか、相手の話を聞けていない可能性が高い。

7～10個

間違った聞き方が身についており、まともに話を聞けない状態。相手の話を遮ったり意見を押し付けたり、なんてことも。

11個以上

かなりの重症レベル。思い込みの激しいタイプが多く、そもそも人の話を聞く気がないのでは？ 聞く技術を学んで改善しよう。

これだけは覚えておきたい!

「聞き方」の基本とコツ

聞く技術を向上させるためには、まずおさえておきたい基本的な3つの「型」。この3つを覚えるだけで「聞きテクニック」をマスターできる。

OK
明るい表情で
好感度アップ
行儀よい
姿勢で会話に
集中
胸を開いて
ウェルカムの
体勢
NG
表情が無愛想
なぜか
えらそう
落ち着きがない

相手はあなたがどう聞いているかを見る

右であげた例のように、嫌われる聞き方がすべてボディーランゲージであることからもわかるとおり、相手は言葉や声よりも仕草や動作を見ていることが多い。

「話が苦手な人は『気の利いたことを言わないと』など、次に何を話せばいいかということばかり考えています。ですが、大切なのはどう話すか、そしてどう聞くかということなんです」

　では、聞き上手にはどうしたらなれるのか。

「相手の感情を受けとめる、相手に共感するなど相手に意識を向けることが一番。また、周りに聞き上手がいたら観察してまねすることもおすすめです」

こんな聞き方は嫌われる!

× 腕を組んでいる

腕を組みながら話を聞くのは、よく上司が部下に対して行う癖。腕を組んで自分をガードしているので、相手を拒否しているサインになる。

× あいづちを打たない・打ちすぎる

あいづちを打たないと、相手の話を聞いていないと思われる。ただ、あいづちを打ちすぎるのも適当に合わせている印象を与える。

× 目を見ない

話している相手の目をまるで見ないということは、「あなたの話に興味ない」とメッセージを送っていることになる。

× 手を動かしている

目を見ないうえに、パソコンの操作などをしながら手まで動かしているというのは、さらに「聞きたくない」というメッセージが強まる。

× 口を閉じる

口を一文字に閉じていると、相手を拒否しているという誤解を与えてしまう恐れがある。上唇と下唇が触れない程度で聞くのがよい。

初対面の人と会話が弾む3つの法則

法則1 相手とあごの動きを合わせる

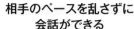

会話をうまく続けるには、相手と波長を合わせることが大切。そのために最も有効的なのが、相手のあごの動きに合わせて自分のあごを動かすこと。相手が小刻みにあごを動かす人だったら自分も小刻みに……と相手のあごの動きをよく観察することがポイント。あごの動きで波長を合わせよう。

相手のペースを乱さずに
会話ができる

法則2 オウム返しをする

相手の話をしっかり聞くには相手のことを知る必要がある。そのために大切なのが相手の言葉の一部分をそのまま繰り返す「オウム返し」の技術だ。会話では相手を主役にすることが大切。自分の言葉で言い換えず、相手の言葉をそのまま返すことで「共感している」と相手に伝わるのだ。

相手が心を許してくれる

法則3 相手の仕草をまねる

仕草をまねるとは、相手の姿勢や動作に自分の動きを合わせるということ。人間の遺伝子には「自分と共通点がある人が好き」というプログラムが組み込まれており、動きを合わせるだけで好意的な印象を与えられるという。ただし、相手にバレないようあくまで小さく合わせるのが大切。

無口な人でも
どんどん話してくれる

会話を盛り上げる

リアクションの技術

自分では相手の話を聞いているつもりでも「全然聞いていない」と言われたことがある人。じつは、あいづちの打ち方に原因があった!

あいづちのバリエーションをふやそう

歯切れよく、テンポの速いあいづち。相手の話に理解を示し、話を促す効果がある。

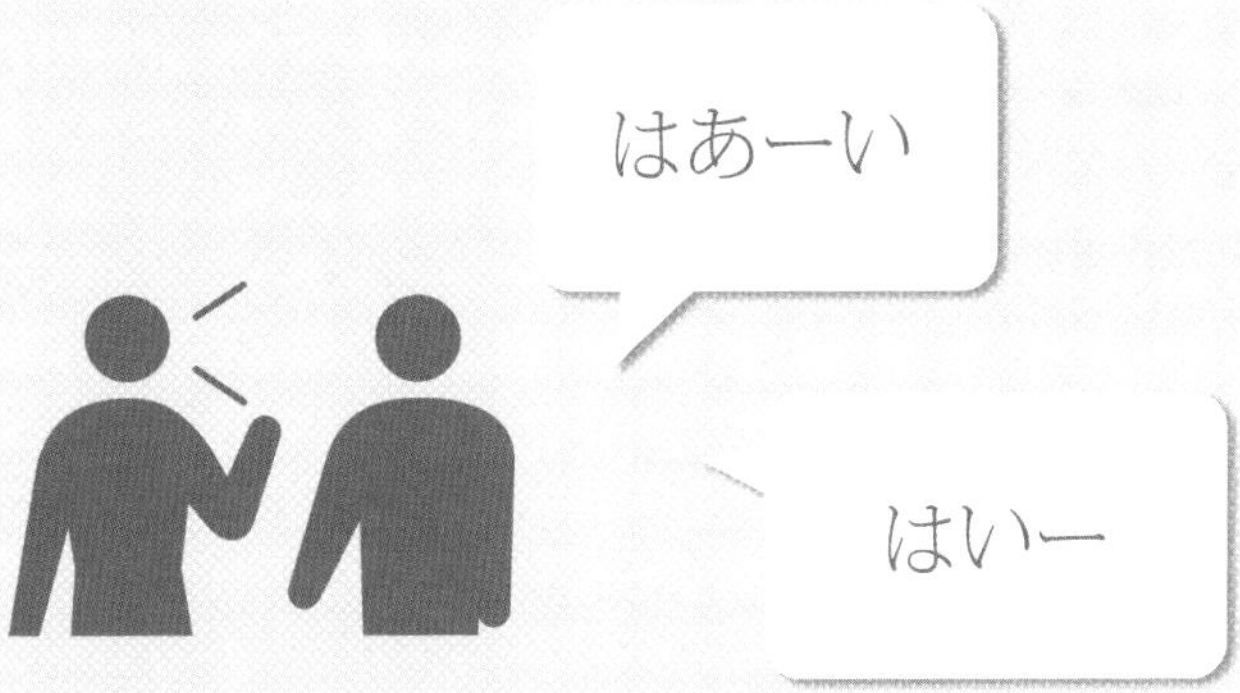

ゆっくりとしたテンポ。「なるほど」という深い理解を示し、しっかり聞いている印象を与える。

あいづちの打ち方で印象はガラリと変わる

「自分ではしっかりうなずいているつもりでも、傍から見るとうなずいているように見えない人はたくさんいます。相手が話しているのに、何もリアクションがないということは『もうあなたの話は聞きたくない』と相手に伝えているようなものなのです」と、松橋さん。

　では、よいあいづちの打ち方とはどういったものだろうか。

「あいづちはテンポが重要です。相手の話すペースに合ったあいづちを打つこと。そして同じテンポのあいづちだけを打っていると本当に聞いているのかと思われるので、テンポのバリエーションを増やすことが大切です。また、『ほー』『へー』などハ行のあいづちは、感嘆しているように聞こえるので好印象です。あいづちを意識するだけで聞き方の印象が変わりますよ」

あいづちの４つのポイント

POINT 1

声のトーンを合わせる

たとえばクレームの電話を受けて、相手が早口で怒鳴りつけてきたらこちらはどんな声のトーンを出せばよいのか。正解は、相手のトーンに合わせてこちらも早めのテンポ、高めのトーンで返すこと。声のトーンを合わせれば好印象をもたれるだけでなく、相手の気持ちをしっかり理解して聞いていると伝えられる。

POINT 2

うなずく深さをコントロール

うなずきは無意識でしていることがほとんどだが、相手に「話を聞いている」と伝えるにはとても重要な動作だ。ただし、話を聞いている間、ずっとうなずいているのは話を聞き流している印象をもたれる。通常は浅くうなずき、相手が話の中で最も伝えたいと思っているところでは大きく深くうなずくという使い分けが大切。

POINT 3

表情筋を使う

表情筋とは、顔の目や鼻、口などを動かして表情を作る筋肉のこと。30種類以上もの筋肉からできており、さまざまな表情が作られる。しかし、ほとんどの人は全体の30%くらいしか表情筋を使っておらず、いざ笑顔で聞こうと思っても表情筋がうまく動かせないことがほとんど。ふだんから表情筋を動かすことを意識しよう。

POINT 4

目と口で感情を表現する

人は、話の中で自分が伝えたいポイントになると、ぐっと目を見開く性質がある。話し始めは目線をどちらに向けてもかまわないが、話の重要なポイントでは相手としっかり視線を合わせる。また、好感を得たいなら笑顔が有効。笑顔は「あなたを受け入れる」というサインなので、相手に安心感をもたらす効果がある。

会話が苦手でも安心

沈黙を味方にする方法

会話の苦手な人が恐れるのが相手の沈黙。しかし、その理由を知り、適切に対処することで、会話上手になることができるのだ。

沈黙する理由とは

自分の考えをまとめるため、少し待ってほしいと思っている
何話そう…
・・・・・
し〜ん…
悩みごとなど自分の弱さを相手にどう伝えようか考えている
相手の中で重い決断をくだし、その決定的なことを伝えようとしている
沈黙のあとに、双方にとって大事な話をしようとしている

沈黙したら相手の真意を探る

会話が苦手な人の大半は沈黙を恐れていることが多い。相手が黙ると焦って余計なことを言ってしまったり、的の外れた話題を振って空回りしてしまったり……。

しかし、相手が沈黙するにはさまざまな理由がある。怖がらずに相手の呼吸や動きに合わせながら、じっと待ってみよう。相手もプレッシャーを感じることなく、本音を言い出すかもしれない。

また、待ちながら相手を観察して沈黙の理由を探ることも大切だ。沈黙を楽しめるようになれば、本当の聞き上手になれる。

左のページで、会話の中で沈黙をうまく活用する方法を紹介しているので、苦手意識のある人はマスターしよう。沈黙を味方につければ、相手に「会話上手」という印象を与えることも可能だ。

沈黙を味方にすることで
得られる6つのメリット

メリット
1
相手に共感を伝えられる

沈黙は下手に言葉を返すよりも共感を伝える手段になる。たとえば、相手が「悲しかったんだ」と言ったら相手と同じような表情で大きく深くうなずく。「楽しい」「悲しい」など相手の会話に感情を表す言葉が出たら、しっかりとうなずこう。

メリット
2
相手の本音を引き出すことができる

人の悩みを聞くときに相手が口ごもったら「○○のこと？」などと助け舟を出す人は多い。よかれと思ってしていても、結局相手が求めていない結論に導いてしまうことになる。じっと待って相手の話を聞けば、本音が聞き出せる。

メリット
3
信頼感を得られる

たとえば部下に呼び止められたものの「ええと……」と、なかなか話し始めないとき。「はっきりしろよ」などと本題を促すと相手の真意が聞けない可能性が高い。気長に待って話を聞いてくれる人と思われれば、信頼度が増す。

メリット
4
自分の意見をしっかり持っている印象に

ときには自分から沈黙することも大切。上司や取引先などに自分の意見を求められてすぐ返事をするよりも、2秒ほどの沈黙を経て返事をする。そのほうが自分の考えをしっかり持ち、落ち着いて話しているという印象をもたれる。

メリット
5
しゃべりすぎを防げる

沈黙ができると「この場を盛り上げないと！」と思いこんで、つい自分が話してしまうことは多い。その焦りが「しゃべりすぎ」を誘発するのだ。沈黙に耐えられるようになれば、話しすぎてしまう現象もおさえることができる。

メリット
6
相手の心情に気づくことができる

沈黙にはさまざまな理由があるが、相手はどうやって伝えようかと考えていることも多い。こちらも沈黙することで相手の考えがまとまるのを邪魔しないで済む。どうしても耐えかねたら「今、どんなお気持ちですか」と聞くのもよい。

会話の上級者になれる

相手の本音を引き出す技術

会話をもっとうまくこなしたいと思っている人は、ここで紹介する3つの上級者のテクニックを身につけよう。

テクニック 1

呼吸のペーシング

「ペーシング」とは、相手と波長を合わせるという意味。呼吸のペーシングとは、言葉どおり相手と呼吸を合わせること。相手が話しているときは息を吐いているので、こちらも息を吐く。相手が黙り、息継ぎをするタイミングでこちらも息を吸う。相手が話し終わったタイミングでこちらも息を吸うので、すぐに自分が話し始めることはない。したがって、自然と相手の話を聞くことが多くなり、波長も合うのだ。上級テクニックだが、電話応対のときにも使える。

相手の気持ちを受け止めよう

上であげた3つは、すべて相手と波長を合わせる「ペーシング」がキーワード。波長を合わせるには、相手に話してもらうことだと松橋さんは言う。

「相手の話を聞いているときに、これはこういうことを言いたいに違いないと思いこみ、説教したくなったり、自分の意見を押し付けたくなったりすることはありませんか。これを『ブロッキング』といいます。このような気持ちが自分にあると、相手の気持ちを受け止めることを邪魔してしまい、それが相手にも伝わってしまうのです。自分の中にそのような気持ちが生まれても脇に置き、相手の気持ちに寄り添うことが大切です」

では、感情をあまり表に出さない人にはどう対応すればよいか。

「その場合は『そのときどんな気

テクニック

2 視線の方向

「相手が話している間、どこを見ていればいいのかわからない」という悩みはよくある。そこでおすすめしたいテクニックが「目線のペーシング」だ。これは、相手の目線と同じ方向にこちらも目線を向けるということ。とくに、相手が沈黙しているときに有効で、相手が考えながら宙を見上げたら自分も上を見て、下を向いたら自分も下を見る。このように同じ方向を見ながら話を聞くと、相手はリラックスし、どんどん話してくれる。

テクニック

3 感情を受け取る

23ページで紹介したオウム返しをしようと思っても、どの言葉を切り取ればよいかわからない人は、相手の「感情言葉」に注目しよう。感情は①喜び②悲しみ③怒り④不安⑤苦しさの、5つに大きく分けられる。会話の中にこれらの感情を表現する「腹が立った」「うれしかった」などの言葉が出てきたら、すかさず「それは腹が立つね」などその言葉を繰り返せばよい。人が話をするとき、最も伝えたいのは自分の感情なのでそれを受け止めてあげることが大切なのだ。

怒
この前、上司に「○○」って言われてさ、本当に腹が立ったよ。
そうか、それは腹立つ上司だね。
先輩、部長に今度のプロジェクトを任されてとても不安です……
不安
不安を感じているんだね。具体的に何が不安なの?

聞き方上級者テクニック
3 感情を受け取る
2 視線の方向
1 呼吸のペーシング

持ちだった?』という魔法の質問が有効的。この質問によって自分の感情に初めて気づく人もいます。相手の感情を引き出すことを意識しましょう」

ぐっと距離が近くなる

質問術3STEP

会話が盛り上がるかどうかは、質問のテクニックにかかっているといっても過言ではない。この3つの質問術を学べば、さらに親密な関係になれる!

STEP 1 自己開示 + 質問

世間話が苦手という人は意外といる。自分は話題を振っているのに、相手があまり返してくれない。そう思っている人は自己開示が足りていない可能性が高い。たとえば「この間、○○へ行ったんです」というように、まず自分の話をする。そして「あなたはどうですか?」と質問を続けるのだ。そうすると、相手も「では自分も」というように同じ程度の自己開示を返してくれる。相手と打ちとけるには、自分の情報を付け加えて、質問するのが有効だ。

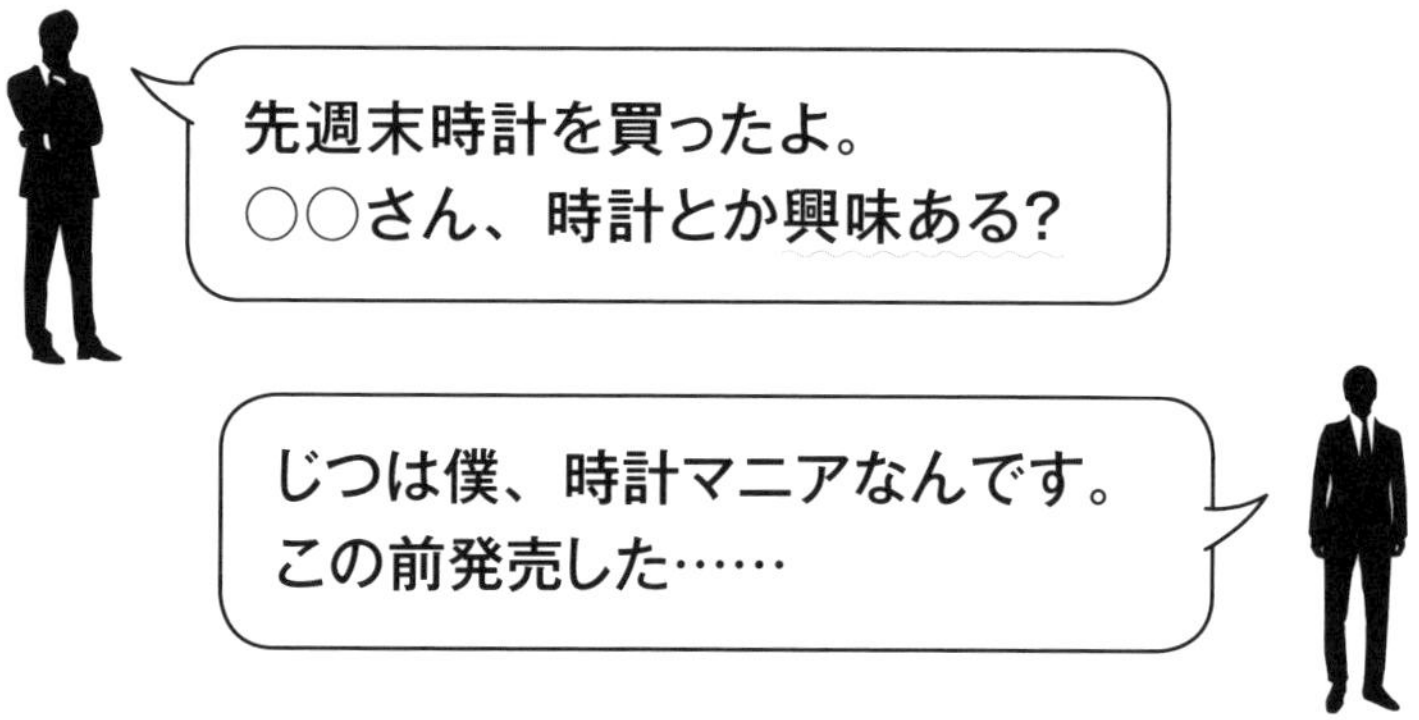
先週末時計を買ったよ。
○○さん、時計とか興味ある?
じつは僕、時計マニアなんです。
この前発売した……

質問で相手と親しくなる

質問は言葉のキャッチボール。相手がキャッチしやすいボールを投げることが大切だ。

たとえば世間話をするにも、相手が答えやすいように自分のことから話を切り出すことも必要になってくる。

また、「具体的には?」「一番の問題は?」などと相手が抱えている問題を明確にする手助けをすることも、相手との距離を縮めるテクニックになる。

松橋さんが言うには、相手にお願いしているのに強制を感じさせない魔法の質問もあるという。

「要望を伝えるときに自分を主語にして、相手に伝えることです。たとえば『この仕事しておいて』と言われるよりも『この仕事をしてくれると助かるんだけど』と言われたほうが、要望を素直に受け

STEP 2 問題の本質をつく

たとえば、相手に「最近なんだかいろいろとストレスが溜まって、大変だよ」と悩みを相談された場合。「大変だよな」と感情を汲み取って同調するのもよいが、もっと親密な関係になりたい場合は「ストレスっていうと具体的には？」などと質問して、問題の本質をつくことが大切だ。相手の悩みが曖昧なまま話を進めても、会話は盛り上がらない。横に広い会話ではなく、縦に深い会話にしていくのだ。この質問で相手が沈黙したら、じっと待つことが大切。

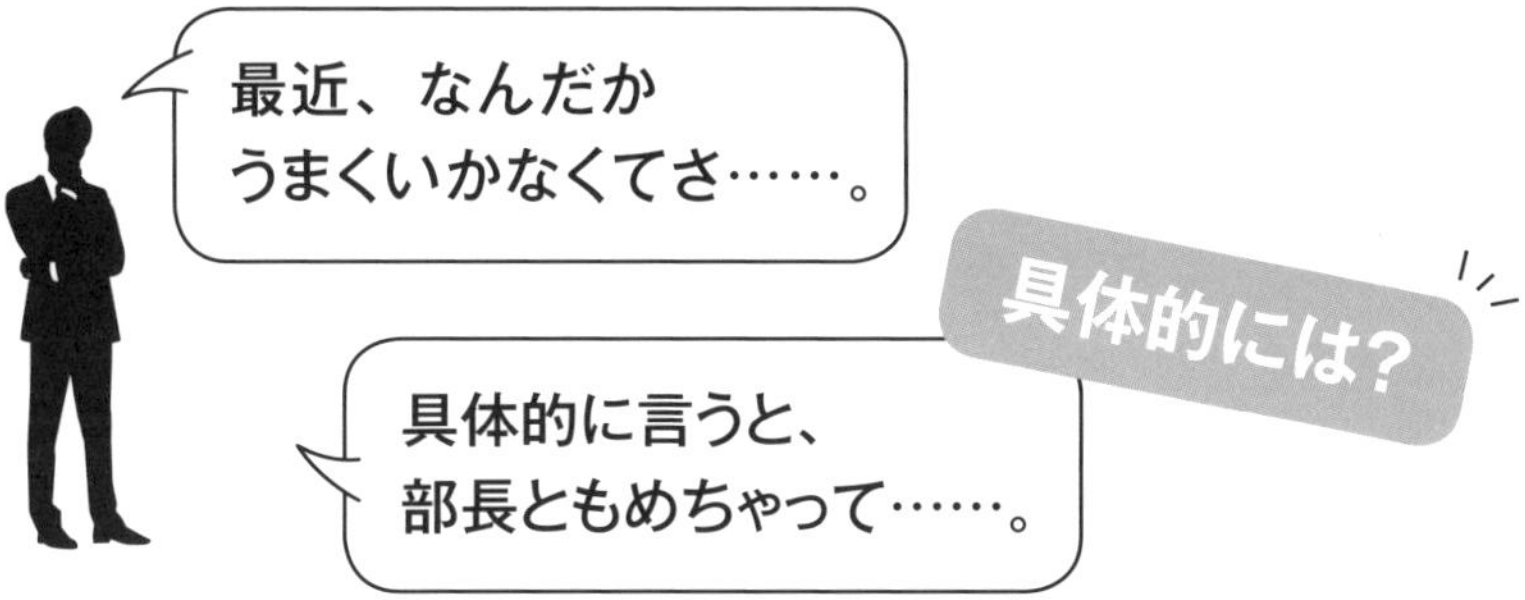
最近、なんだか
うまくいかなくてさ……。
具体的には?
具体的に言うと、
部長ともめちゃって……。

STEP 3 暗示を埋め込んだ質問

人は、親密な人間関係ができていない限り、ダイレクトな質問を拒んでしまう性質がある。たとえば、上司が部下を叱るとき、「どうして君はこんな失敗をしてしまったんだ？」とダイレクトに聞くのはNG。部下は責められている感じがして言い訳を考えたり、反抗心を抱いたりしてしまう。そこで「なぜ君があんなことをしたのか、私にはわからないが、どうなんだい？」と少し柔かく言えば相手は話しやすくなる。相手の潜在意識に入りやすい質問力をつけよう。

FAQ

入れやすくなります。あくまで主語は『私』なので強制することなく、相手の潜在意識にしっかり要望を伝えられます。人を動かすときにどんどん使いたいテクニックです」

話題に困ったときに使える

魔法のフレーズ

会話中、適切な話題が思い浮かばなくなってしまったときは、ここで紹介する「魔法のフレーズ」を思い出せば、ピンチを切り抜けられる。

魔法の言葉

「適度に整理すべし」

テ	キ	ド	ニ	セ
テレビ	気候	道楽	ニュース	生活全般

イ	リ	ス	ベ	シ
胃（食べ物、健康）	旅行	スター、スキャンダル	勉強（知識）	出身地

困ったときに絶対使える話題集

相手の情報を引き出したいときや話題に困ったときに思い出したい便利なフレーズをご存知だろうか。その言葉は「適度に整理すべし」。誰にでも気兼ねなく聞ける便利な話題の頭文字をとったものだ。

「相手によって使うキーワードは変わると思いますが、この言葉の話題をおさえておけばまず問題ありません。とくに、『道楽』の趣味の話と『出身地』は鉄板ネタです」

松橋さんが考案したこの魔法の言葉は、じつは相手に話してもらうための質問のネタとして覚えておきたい言葉なのだ。

「会話を盛り上げるには自分ではなく、いかに相手が話してくれるかが大事。そして質問するときは、左の例のようにまず自分の情報を話してから、相手に『どうですか？』と問いかけるのがポイントです」

「適度に整理すべし」質問 ver.

テ　今日、○○をテレビで見たんですが、
ご存じですか?

キ　最近、暑い日が続いて嫌ですね。
○○さんは何か対策をとっていますか?

ド　私は趣味がテニスなんですが、
○○さんの趣味は何ですか?

ニ　ニュースで見たんですけど、
○○の事件、ご存じですか?

セ　私は○○線を利用しているのですが、
○○さんはどこですか?

イ　私はとにかくステーキが好きなんですが、
○○さんの好きな食べ物は何ですか?

リ　この前、箱根に旅行に行ったんですよ。
○○さんは最近、どこか行かれました?

ス　アイドルの○○さんが最近復活して話題ですよね。
○○さんは昔、アイドルとか好きでした?

ベ　最近○○という本を読んでとても感動しました。
おすすめの本とかありますか?

シ　私の出身地は群馬なのですが、
○○さんはどこですか?

なぜか「感じがいい人」と言われる

気遣い術

「気遣いができる人」というとハードルが高いように感じるが、
じつはちょっとしたコツさえつかめば気遣いスキルを身につけることができる。
そして細やかな気遣いや気配りが仕事面でも大いに役立ち、
評価アップにつながる可能性も！

気遣い次第で人間関係が変わる

気遣いができるようになると、大きな仕事を任されたり、周囲からの協力を得やすくなったりと仕事がスムーズに進む。元ＣＡで、現在はプロマナー講師の三上ナナエさんは言う。

「ビジネスシーンでの評価はシビアです。最初の印象だけで『感じが悪い』と見切られてビジネスチャンスを逃してしまうこともあるでしょう。私は仕事ができる人ほど『何かをしてもらったら気遣いの言葉をかける』ということを徹底しているように思えます。『ありがとう』『助かります』など、些細なひと言かもしれませんが、日々の積み重ねによってあなたへの信頼感は劇的に変わるでしょう。良好な人間関係は必ずよいビジネスサイクルにつながります」

気遣いは難しいことではない。

「あいさつ一つにも気遣いを添えられます。たとえば『おはよう、今日は忙しそうだね』と相手がすぐ答えられる質問を付け足すだけでも素敵な気遣いになります」

教えてくれた人

三上ナナエさん

プロマナー講師。ANAのCA、チーフ、トレーナーを経験。退社後は、官公庁や企業などで、マナー、コーチングなど年間80回以上の人材育成研修を実施。

三上さんの著書

「気遣い」のキホン
元ANAのCAが
4500回のフライトで身につけた
小さな"秘訣"を教えます！

仕事も人間関係もうまくいく「気遣い」のキホン
（すばる舎）

元ANAのCAである著者が、4500回のフライトで身につけた、一生使える気遣いのポイントを紹介する。

口ベタでもできる

好印象のための4POINT

POINT 1
まゆ毛で感情を表現する

まゆ毛は表情を伝えるのに最も効果的なパーツだ。眉間にシワを寄せる癖がある人は、相手にマイナスの印象を与えてしまいがち。相手の話を聞いていて驚いたとき、おもしろいときなどは意識的にまゆ毛を上げてみよう。

POINT 2
スタンバイスマイルを!

人と接していないとき、つまり1人でいるときの何気ない表情をじつはまわりに見られていることが多い。誰にいつ見られてもいいように、奥歯を噛みしめ、口角を3ミリ上げる「スタンバイスマイル」をつねに心がけよう。

POINT 3
あいさつは自分から積極的に

あいさつは自分が先にしないと価値がないといっても過言ではない。相手のあいさつに対して、自分も返すのはただの「返事」になるのだ。相手より先にあいさつをすれば、その場のイニシアチブを握ることができる。緊張している場こそするべきなのだ。

POINT 4
電話は第一声だけでもがんばる

電話応対は相手の顔が見えないからこそ、本音が伝わってしまう。電話の向こうの相手に顔を見られているとイメージして、デスクに鏡を置いて表情をチェックしよう。また、電話は第一声が重要なので、第一声だけでも地声では到底出ないような高いトーンで応対するとよい。

悪印象が好印象になる

気遣いを示すワンフレーズ

自分が気遣いのつもりで言った言葉も相手に悪い印象を与えることがある。ここで挙げる良い例・悪い例を参考に、適切なフレーズの使い方を覚えよう。

同僚から上司の愚痴を聞いた

昨日こんなこと言われて、もう毎日大変だよ。

OK

そんなことがあったんだ。大変だね。

同感も否定もしないことが大事。ただ、相手の気持ちを受け取って、そのまま返すことが大事。

NG

それはひどい! 部長って○○なところあるよね。

これではいっしょになって上司の悪口を言っていることになる。口は災いのもとなので注意。

NG

いやいや、それは部長が正しいよ。

真っ向から相手の意見を否定している。自分の意見をないがしろにされ、相手は気分が悪い。

まずは恐れず行動してみよう

気遣いをしようとしておせっかいと思われたら……最初はそんな不安を抱えてしまいがち。

「まずは怖がらずにやってみることが大切です。おせっかいや空回りを恐れるあまり、何もやらないでいると『気が利かない』というレッテルを貼られてしまうことになります」

店に入ったときに店員に声をかけられるのを嫌う人もいるだろう。しかし、どんな客が相手でもほとんどの店員は、ファーストアクションだけは平等に行うという。

「ファーストアクションとは、その名のとおり、最初に声をかける動作のことです。ファーストアクションをする目的は、お客さんの来店目的を知るため。買う目的がない人はファーストアクションへの対応が鈍いので、それを聞いてサッと引き下がる、それこそが気遣いです」

相手の気持ちを早めに察して、早めに判断できれば気遣いテクニックの上級者だ。

3つのないでトラブル回避

気遣いとは相手が「心地よい」と感じるかどうかが大切だ。ゆえに、時と場合によっては、「見ない」「言わない」「聞かない」といった3つの「ない」の気遣いが必要になってくる。たとえば、顔にできものができた人を無意識であってもそこを見てしまえば、居心地は悪くなる。会話も弾まなくなるだろう。何気ない一言が、その場を凍りつかせてしまうこともある。会社の機密に関するようなことは、聞かないふりをしたほうがいいのはもちろんだ。相手の立場に立った気遣いが必要なのだ。

見ない

ほんの一瞬の視線に敏感な人は多い。たとえば、いっしょに食事をしているとき、相手が食べているものをジーっと見ていたら、「食べたいのかな」と気にしてしまうだろう。相手に気を遣わせないためにも視線管理を心がけよう。

言わない

「先日、○○にいましたね」というセリフはビジネスシーンでは気安く言わないほうがよい。そこに行ったことが、まわりの人間には内緒かもしれないからだ。プライベートの時間を大切にしたい人が多いからこそ注意したい。

気づかない

向こうの状況を察して、よけいなことを言わないほうがよいときもある。たとえば、前日泣きはらしたような目をした人と仕事で会っても「その目どうしたんですか？」などと、不用意に言っては失礼にあたる。気づかないフリをしよう。

上司のタイプ別

気遣いの仕方&攻略法

気遣いの仕方は相手によって変える必要がある。ここでは典型的な4タイプを想定し、それぞれの攻略法を紹介していこう。

パワフルで情熱家

リーダータイプ

情熱的で行動的だが、せっかちで断定的といった特徴がある。パワフルなタイプで、結論をとにかく早く知りたがるので、報告のときは注意。

攻略法

まず結論を先に話す。声は大きめに話し、語尾まで明瞭にすること。指示や頼まれごとに対して、言い訳をせず、できないときはストレートに伝える。

「△△の件は○○にしました。
理由は～」
「すみません、今はできません」

効く
フレーズ

ほめられるの大好き!

芸人タイプ

話好き、イベント好き、大ざっぱ、自分の手柄が大好きといった特徴がある。ほめられるのが大好きで恥をかくことを極端に嫌がる。

攻略法

とにかくノリを合わせて盛り上げること。みんなの前で間違いを指摘するのは絶対にNG。また、報告や相談をするときは、要点をテンポよく伝える。

「すごいですね～」
「さすがですね!」

効く
フレーズ

気遣いの感じ方は人それぞれ

同じような気遣いをしても、相手によっては「うっとうしい」と嫌う人もいれば、「本当にありがとう」と感謝してくれる人もいる。相手の性格に応じて気遣いの仕方を変えることが、人間関係をよりスムーズにするポイントなのだ。以下では、典型的な４つのタイプに対する気遣いやコミュニケーションの取り方を解説。今まで苦手意識を感じていたタイプを攻略すべく、上手に活用しよう。

縁の下の力持ち

お母さんタイプ

やさしい雰囲気で目立つのはあまり好きではないといった特徴が。緊張しやすいという一面も。見えないところでサポートしてくれるタイプ。

攻略法

サポートしてくれたら、お礼の一言を忘れずに。また、ぎりぎりまで仕事を抱えこんでしまうことが多いので、大変そうだと思ったら先回りして手伝ったほうがよい。

「○○さんのおかげです」
「手伝いましょうか」

効くフレーズ

論理的で物知り

学者タイプ

物知りで話し方は論理的。無表情、前置きが長い特徴がある。表情が硬く、反応があまり読みとれないことも多く、結論だけの報告を嫌う。

攻略法

人の話を聞きながらも、頭の中でぐるぐると考えている。本人が何かを言い出すまで待つのが重要。また、論理的に説明したほうが納得しやすい。

「○○だから△△にしました」
「その根拠を説明しますと……」

効くフレーズ

相手をその気にさせる ほめ方術

話し下手の人も必ずほめ上手になれる。そのためには相手の話をしっかり聞くことだ。ここでは相手のよいところに意識を向け、きちんとほめる方法を解説する。

ほめ上手になって会話上手を目指そう

会話下手な人がまわりをほめろと言われても、なかなか行動に移せないだろう。そもそもほめ上手になるには、何から始めればよいのか。谷口さんに聞いた。

「まずは相手の話を聞くこと、そして相手を観察することです。相手の話に耳を傾けて、相手の表情や態度、そして持ち物までじっくり観察します。ほめるポイントは相手がこだわっていそうなところを探すことです。特別なボキャブラリーなんて必要ありません。大切なのは相手に『自分はあなたを見ている』と伝えることです」

また、「ほめる」と言うと、一般的に思い浮かべる言葉は「すごい」や「優秀だね」といったストレートな言葉だろう。しかし、こういった直接表現が苦手な人もいる。せっかくほめても相手に「そんなことないです」と拒絶されたら会話は盛り上がらない。そんなときは、相手に気づかれにくいのに効果的な「大人のほめ方」を使ってさりげなくほめるとよい。

「とくにレッテルを貼る効果は絶大で、『○○な人』とレッテルを貼られると無意識にその期待に応えようと、人は努力するものなのです。相手に自信をもってほしいとき、相手を期待どおりの人物に変えたいときにおすすめの方法です。ただし、まるでその人とかけ離れたレッテルを貼っても何も心に響かないので注意です。相手が持ち合わせている性質をほめましょう」

まさにほめ上手は会話上手の入口なのだ。

谷口さんの著書

「結果を出す人」のほめ方の極意
（講談社）

相手が本音で話してくれたり、部下のやる気と能力を引き出せたり、上司にかわいがられたりする「ほめ方」を解説。

教えてくれた人

谷口祥子さん

株式会社ビィハイブ　代表取締役。「ほめ方の伝道師」として活動後、トラウマやネガティブな思いこみを60分で解消するブレーキ解除プログラムを提供。

大人のほめ方の極意

極意1 ティーアップ法でほめる

身近な人を今さらほめるのは気恥ずかしい……。そんなときにおすすめなのが「ティーアップ法」。第３者に相手を紹介するときに華やかに持ち上げて紹介するのだ。誇張表現でも、相手は「私のことをそんな風に思っていたのか」とうれしく思う効果がある。

実践フレーズ

自分：（部下を取引先へ紹介するとき）Ｂくんの企画力は弊社でも右に出るものはいないくらいです。

相手：そうなんですか!? それは期待できますね。

極意2 間接ワザを使う

悪口を言うときは本人がいないところで言うが、その真逆なのが「間接ワザ」。本人のいないところで相手をほめる。たとえば「○○課長は本当にリーダーシップがある」と人前でほめると、いつか本人の耳に届き、あなたの評価は直接ほめるよりあがる。

実践フレーズ

Bさん：（Cに対して）Ａ先輩の仕事への姿勢は本当に尊敬するよ。

Cさん：（後日、Ａに対して）そういえば、この前Ｂさんが Ａさんの仕事への姿勢を本当に尊敬してると言っていたよ。

極意3 質問話法でほめる

ストレートにほめても、照れなどからほとんどの人が素直に受け入れてくれない。そんなときは「どうすればあなたのようにうまく話せるの？」と、質問を使ってほめればよい。すると、抵抗なく相手に好意を受け取ってもらえる。

実践フレーズ

自分：プレゼンなのですが、どうすれば先輩のようにうまく話せるんですか?

先輩：いや、まだまだだよ。ただ、強いて言うなら……

極意4 相手にレッテルを貼る

レッテルを貼ると言うと悪いイメージを抱きがちだが、ほめるにはとても有効的。「○○は親切だなあ」というのは一般的な評価だが、「○○は親切な人だから」とこちらが相手を断定すると相手のセルフイメージが上がって、自信を持たせることができる。

実践フレーズ

自分：（部下に向かって）○○くんは「気配りの人」だから、任せて安心だよ。

極意5 つぶやき戦法で心をつかむ

つぶやきというのは、思わず口から出てしまった言葉。部下の企画書を見ながら「おもしろいものを作ったね」と評価するよりも、「おもしろいなあ」とぼそりとつぶやいたほうが真実味が増す。相手は本心からほめられている気分になるのだ。

部下：企画書です。

実践フレーズ

自分：（独り言のように）ほう……おもしろいなあ。

すぐに実践したくなる
チーム会議術

せっかく会議に参加しているのであれば、会議が活性化する提案を率先して行い、参加者全員が充実した時間を過ごせるようにしよう。

本来の会議の意義を知ろう

「残念な会議ほど元気がない」と、実際の企業の会議への指導も行っている降籏さんは言う。では、会議を活性化するにはどうすればいいのだろう。

「会議の前に用意することはたくさんあります。会議の目的を明確にして、参加者に伝えておくことはとても重要です。できるだけ詳細に伝えると、会議当日に意見を出しやすくなるし、結論がどんな意味を持っているのかを共有しやすくなる。参加者に意見を求める場合は、事前に紙などを配って意見を書いてもらいましょう。これだけで会議が活性化すると言っても過言ではありません」

　会議では意見や議題を不明瞭にしたまま終わらせず、必ず明確な結論を出す。曖昧にしたままだと後々、問題が発生するのは明らかなのだ。

　また、会議は参加者の教育の場にもなるという。

「会議ではさまざまなコミュニケーションがとれるほか、物事を論理的に考えて決断するスキルが養える絶好の場なのです。会議を仕切る立場にある人は、日ごろからそのことを意識して進めましょう」

　参加者も同じように意識することが大切だ。

降籏さんの著書

**その一言で
現場が目覚める**
（日経BP）

工事現場におけるリーダーのコミュニケーション術を解説。すぐに役立つノウハウを満載した現場リーダー必携の書。

教えてくれた人
降籏達生さん

ハタコンサルタント株式会社 代表取締役。阪神淡路大震災をきっかけに技術コンサルタント業を始める。建設技術者研修は4万人、現場指導は1000件を超える。

充実した会議のための

（タイムスケジュール）

会議前

目的を明確化する

会議の前に参加者が議題を把握しておくと、会議の目的を全員で共有できる。議題は事前に「連絡・報告事項」「調整が必要な案件」「決めなければいけない案件」などと内容ごとに整理しておくと、スムーズに進む。目的を明確化することで、参加者の意欲や積極性も上がるのだ。また、参加者の出欠は当日ではなく、あらかじめひとりひとり確認する。その際、参加者には「〇〇という議題について話し合う」と改めて伝えておく。会議に必要な資料についても、可能ならば事前に参加者に配布しておくと具体的な意見交換ができてよい。

会議中

生産性を意識する

議論は問題の所在を突き詰める「なぜ」という方向ばかりに入って、袋小路に入りがち。議論が単なる感想や根拠のない意見のやり取りで多くなったら、その都度「どうすればいいか」という議論に流れを変える。そこで、会議が始まったらまず、冒頭で「何をする（決める）会議か」ということを参加者に説明する。だらだら会議が続かないように、最初に「今日の会議は1時間」と終わる時間を決め、「〇〇を決めるまでが30分」などとおおまかな時間配分も伝えておく。会議中は、あらかじめ決めておいた検討順に進行する。最初に示した時間をオーバーする場合は、参加者に都合を確認する。

会議後

ToDoリストを作る

会議を終えたら、まず「会議の目的に対する合意点の整理」をする。これは進行役の役割で「何を決めるのが目的だったのか」「実際何が決まったのか」ということを整理して、参加者同士で共有する。次に「参加者それぞれが具体的に実施すべき行動」を確認する。明確化するには、ToDoリストにまとめることが大切。ToDoリストを、簡単でよいので会議後すぐに作り、全員に配るのだ。ToDoリストは議事録につけておくと忘れない。そして、次の会議ではToDoリストでまとめた結果を冒頭で報告し合うことが大事。

会議が変わる!

4つのポイント

残念な会議を変えるには、何から始めたらよいのか。
じつは簡単なポイントを意識するだけで、会議の充実感はがらりと変わる。

つまらない会議を元気な会議にする

会議を変えるには、会議を始める前段階から準備が必要だ。

「コミュニケーションを取るうえで大切なのは、まずは相手との親密度を上げることです。会議のアプローチは、会議が始まる10～15分前くらいに会議室へ行き、なんでもよいので参加者で雑談することです。飲み物やお菓子を用意しておくのもよいでしょう。雑談して場を温めておくことで、和やかな雰囲気で会議を進めることができます」

　また、参加者の意見が出ない場合はどうすればいいのか。

「参加者に紙を配ってそこに各々の意見を書いてもらいます。紙のサイズはA4版の紙を6等分にしたものがちょうどよく、この大きさならそこまで意見を書きこまなくても余白が目立たず、プレッシャーになりません」

　出た意見はホワイトボードに書き出すとよい。自分の意見を整理できるほか、意見がまとまりやすくなる。ホワイトボードは必ず用意してほしいアイテムだ。

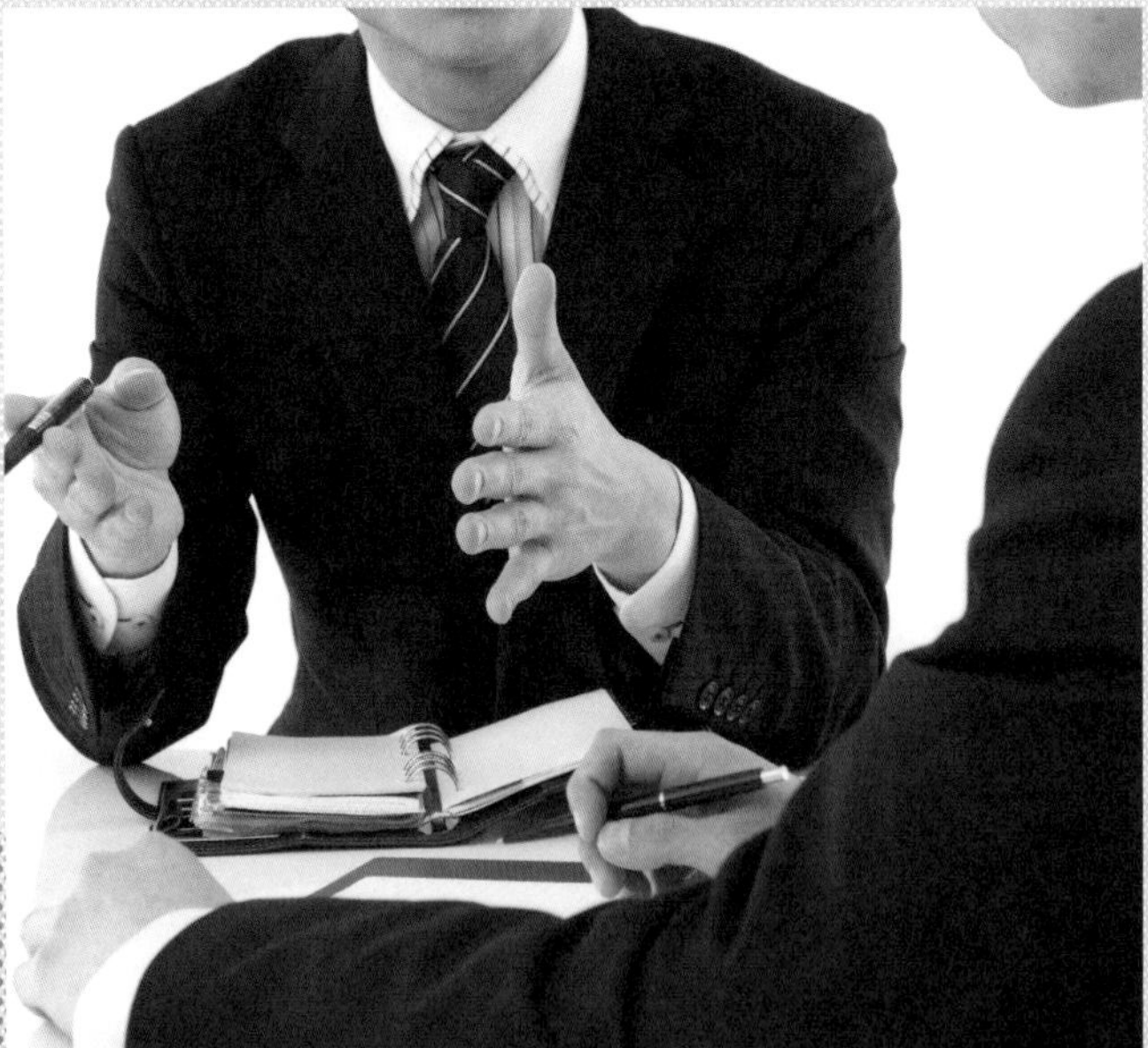

POINT 1

参加者には紙を配っておく

参加者から意見が出ないときに有効なのが、参加者に紙を配って意見を書いてもらうという手段だ。その紙をもとに、順番に意見を言ってもらえば「○○さんと同じです」などとは言えなくなる。

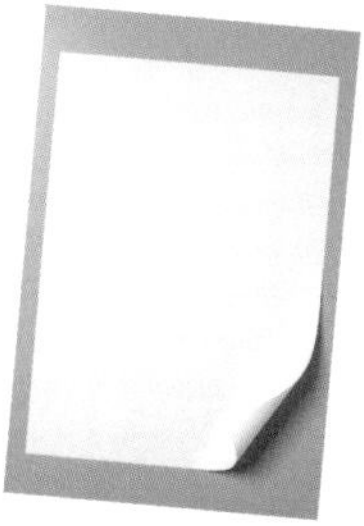

POINT 2

会議前に雑談して場を温める

会議がピリピリした雰囲気になる。そんなときは司会者も参加者も、会議が始まる10〜15分前くらいに集まり、リラックスした雰囲気の中で雑談しておく。こうすると、短い時間でも人間関係を作ることができ、スムーズに会議が始められる。

POINT 3

ホワイトボードは必要不可欠

会議中、ホワイトボードは意見をまとめるための必須アイテムだ。何も書かずに意見を交わしていると、共有できる記録がないのでどんどん論点がずれていってしまう。会議場所に、ホワイトボードが用意されているか確認しよう。

POINT 4

参加者の発言は30秒以内に

会議がいつもだらだら続いてしまうときは、参加者の発言を30秒でまとめてもらう。30秒を過ぎると、聞き手は徐々に耳を傾けようとするモチベーションが下がってしまう。30秒を目安にすれば、人の意見もしっかり聞くことができる。

会議で使える！

便利なフレーズ集

会議であまり意見を言えない、自分と違う意見に反論できない。
そんな悩みがある人にぴったりな便利フレーズを集めた。

相手の発言を**具体化したい**とき

……と、おっしゃいますと?

会議ではどんな案件でも曖昧な状態で終わらせてはいけない。相手の意見を具体的に聞くことが大切なので、「と、おっしゃいますと？」や「もう少し具体的に言うとどうなりますか？」などと相手の曖昧な意見に突っ込みを入れよう。

相手の意見に**反論したい**とき

確かに……しかし……

相手の意見に反論するとき、便利なフレーズが「確かに＆しかし」だ。「確かに○○さんの意見の着眼点は興味深いと思います。しかし、私は……」というように、最初に反対意見を受けとめてから自分の意見を述べると摩擦が起きなくてよい。

参加者がなかなか**意見を言わない**とき

もし仮に……

なかなか自分の意見を言えない人、「○○さんと同じです」と同調しかできない人。こういった人に意見を言わせるには「もし仮にAとBだったら、どっちだと思いますか」などと「もし仮に」というフレーズを立てて、二者択一にするとよい。

会議の内容が**横道にそれた**とき

おもしろい意見ですが、
本来のテーマに戻しますと……

会議の議題が脱線したときに使いたいフレーズ。「今は○○の話なんですが」などと言ってしまっては、議論を脱線させた人を傷つけてしまうほか、会議の雰囲気自体悪くしてしまう。摩擦を起こさず元の議題に戻すには最適のフレーズだ。

▶10倍成果が上がる！　話し方の極意

伝え方編

明日から仕事で使える 伝え方の技術

相手に何かを伝えるとき「自分はきちんと説明しているから、理解できない相手が悪い」と考えたことはないだろうか。そんなとき、本当に理解力のない相手のほうが悪いのだろうか。

『伝え方の教科書』の著者である経済ジャーナリストの木暮太一さんは「伝わらないときは100%伝える側に責任がある」と断言している。

「わかりやすさ」を決めるのは、自分ではなくいつも相手。「このくらい説明すれば十分だろう」という自分勝手な思い込みをやめなければ、どんなに努力してもわかりやすく伝えることはできないそうだ。

「わかりやすさを評価しているのはつねに聞き手側だということに気づけば、自然に『相手がわかるように伝えよう』という気持ちが芽生えます」

この「わかるように伝える」とは、相手に合わせて表現を工夫するということ。年齢、性別、経験、職業、知識……それぞれのバックボーンに合わせて表現を変えるだけで、「伝える力」は確実に上がるという。

まず相手に理解してもらいたいと意識する。そして、そのために相手に合わせて表現を工夫する。

それでは、「伝える力」を磨くために、具体的に何を学べばいいのだろうか。

「本屋に並んでいる話し方や書き方の本を読むだけでは、本質的な伝える力は身につかないと思います。そういう本が教えてくれるのは、最終的な出力の方法。料理にたとえるなら盛りつけの部分です。どんなに美しく盛りつけても、マズイ料理がおいしい料理に変わることはありません」

わかりやすく伝える

意識

相手に理解してもらいたいと思う意識

↓

「理解できているか」をつねに気にしながら伝える

表現

相手に合わせた理解しやすい表現

↓

相手に合わせてわかりやすい言葉を使い分ける

木暮さんは「伝え方にも料理のようにレシピがある」という。料理のレシピはたくさんあるが、伝え方に関するレシピはたったの4つだけだ。

次ページからの4つのレシピを実践すれば、誰でも「伝える力」が上達するという。

ここからの特集では、6人の識者に取材して、ビジネスシーンで使える具体的な伝え方のコツを紹介している。

それぞれ個別のケースで対処法を学ぶ前に、伝え方の基礎となる4つのレシピを理解しよう。4つのレシピを習得してから6つのケーススタディを読み進めれば、「伝える力」の本質がつかめるはずだ。

木暮流「伝え方の極意」とは？

「わかりやすさの3点セット」が伝える力を変える

会社の仕事はコミュニケーションによって成立している。業務上の報告・連絡・相談はもちろん、上司と部下、先輩と後輩、社内の人と社外の人など、あらゆる現場で「伝える力」が求められていることは間違いない。

しかし「日本人は伝えるトレーニングをしないまま大人になってしまう」と木暮さんは指摘する。「伝える技術に対して無頓着な人が多いと思います。『説明が自分本位であること』に気づいていない人はたくさんいます」

学生時代に「伝えること」を

「わかりやすく伝える」ための 4つのレシピ

相手にうまく伝えるためのレシピはたったの４つ。
これさえ押さえておけば、どんなシチュエーションでも
自信を持って話せるようになる。

教えてくれた人

木暮太一さん

Taichi Kogure

経済ジャーナリスト。一般社団法人 教育コミュニケーション協会 代表理事。慶應義塾大学 経済学部を卒業後、富士フイルム、サイバーエージェント、リクルートを経て独立。大学時代に自作で作った経済学の解説本が学内で爆発的にヒット。現在も経済学部の必読書としてロングセラーになっている。相手の目線に立った話し方・伝え方が評判になり、現在は企業・大学・団体向けに多くの講演活動を行っている。著書も多数あり。

木暮さんの著書

学校で教えてくれない「分かりやすい説明」のルール
(光文社)

「わかりやすく説明する力はトレーニングで身につく」と考える著者がその方法を紹介する本。「わかりにくさ」の原因についても解説。

教わらずに社会人になり、上司や先輩の仕事のやり方をマネて会社の文化に染まる。その流れに沿って生きていれば、伝える力に対して客観的な判断ができないまま過ごしてしまうのも当然のことだという。

木暮さん自身も、会社に所属していたとき、伝わらないことに対してストレスを感じたことがあった。しかし、木暮さんはそのとき、相手を責めず、「伝わらないのは自分が伝わるように話していないせいだ」と捉え、表現を工夫することを自分に課した。そして、「わかりやすく伝えること」を考えてみた。

「わかりやすく伝えるためにはどうしたらいいか、と考えました。ひとつは複雑な構造を整理してシンプルにすること。もうひとつは難しい言葉をやさしい言葉に置き換えること。そして、

recipe 1 「誰に何を伝えるか」を明確にする

伝えるときのチェックポイント

誰に ＞ 何を（結論） ＞ その理由

まず「相手は誰か」を考え、その人は「今どんな状態か」と観察。伝えるべき相手と状態によって話の内容を変える。また、何を話すべきかを整理してから話すことも重要。結論を先に伝え、そのあと理由を述べるようにすれば、わかりにくさを排除できる。

自分の話に興味を持ってもらえるように工夫すること。これを『わかりやすさの3点セット』と呼んでいます」

構造を整理し、言葉を置き換え、相手の興味に合わせて内容を選ぶ。この3つを実践すれば、どんな話もわかりやすく伝えることができるようになるそうだ。

51～53ページで紹介する「4つのレシピ」も、その3点セットの延長線上にある。今日からさっそく仕事で使ってみよう。

伝え方の教科書
（WAVE出版）
「伝え方」がわかれば仕事がはかどり、人間関係もうまくいくようになる。人生を変えるための「伝え方の法則」を一冊にまとめた本。

2 recipe 相手に伝わる日本語を使う

「誰に」と「何を」がクリアできるようになったら、次は「どう伝えるか」を考える。ここで大切なのは「通じる日本語」を使うこと。日本には曖昧な表現を許容する文化があるが、あうんの呼吸で伝わることは限られている。省略せずに伝わる言葉を使おう。

POINT 1

書くように話す（主語と述語を明確に）

対面で話すときは相手の表情やしぐさが内容を補足してくれるので、言葉を省くクセがつく。主語と述語は省略せず、書くように話すことを意識しよう。

POINT 2

文を短くする（接続詞はひとつまで）

長い文章が頭に入りにくいように、だらだらした話はわかりにくいもの。「ひとつのフレーズに接続詞はひとつ」と決めれば、回りくどい言い回しを回避できる。

POINT 3

結論と関係ない言葉はすべてカットする

フレーズを短くするために「結論につながらない余計なことは言わない」と決めることが重要だ。修飾語もできるだけ省けば、すっきりした表現になる。

わかっているのにまどろっこしいなぁ。
情報が多すぎる

ここに注目!

説明が飛びすぎてわからないなぁ。
情報が少なすぎる

相手に合わせて言葉と伝える情報量を変える必要がある

相手の知識や経験に合わせ、使う言葉と伝える情報量を調整する配慮が必要。たとえば、ITにうとい上司に対して専門用語を並べてウイルスの状態を説明しても、まず理解してもらえない。一方、システムエンジニアに一から説明すると「まどろっこしい」と思われる。

recipe 3 正しい順序で話を組み立てる

「テンプレップ（TNPREP）」は話を組み立てるときに意識するべき6つの要素の頭文字を並べた言葉。話のテーマ（T）を冒頭で伝え、言いたいことの数（N）を言い、論点・要点（P）を伝える。そのあと、結論に至った理由（R）を述べ、具体例（E）をあげて補足。最後に論点・要点（P）をくり返す。

テンプレップの法則

- **T**heme ………… 話のテーマ
- **N**umber………… 言いたいことの数
- **P**oint …………… 結論・要点
- **R**eason ………… 理由
- **E**xample ……… 具体例
- **P**oint …………… 結論・まとめ

ここに注目！

「論理的 ＝ 伝わる」は誤解！ 論理には行間がある

「TENPREP」を使えば論理的に話せるが、「論理的であれば伝わる」というわけではない。相手に知識・経験がなければ、細かく論理を積み重ねていく必要がある。逆に相手が専門家なら、ポンと話を飛ばしてもOK。論理の行間を調節しよう。

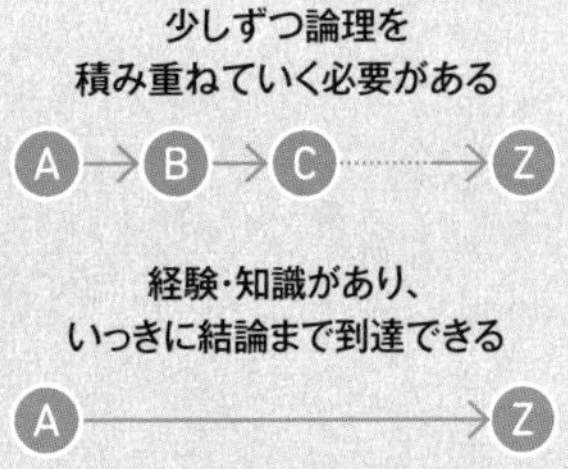

少しずつ論理を
積み重ねていく必要がある
A
B
C
Z
経験・知識があり、
いっきに結論まで到達できる
A
Z

recipe 4 相手に伝わる言葉に言い換える

同じ言葉でも、人によって理解が異なる。人は外から入ってきた情報をイメージ（心像）に変換して理解するからだ。そして、このイメージとともに、関連情報（スキーマ）も一緒に思い浮かべてしまう。話をするときに、相手がどんな「心像＋スキーマ」を持つか予測できれば、勘違いはなくなる。「勘違いさせないことも話し手の責任」と考えよう。

スキーマ
心像（イメージ）
・ビーチで泳ぐ
・免税店でショッピング
・フラ（ダンス）を観る
・サーフィンをする
・ステーキを食べる
ハワイ

たとえば「ハワイ」という言葉を耳から聞けば、心の中に特定のイメージが浮かぶ。これが心像。このビジュアルから連想されるいくつかの関連情報がスキーマ。心像とスキーマはワンセット。これが「固定観念」や「思い込み」の原因だ。

CASE

01 交渉・説得

相手を気遣う伝え方で円滑に交渉を進める方法

金額や納期など、ビジネスではつねに相手との交渉事に追われるものだ。「話して伝えること」をテーマにしたセミナーを主催する渡辺美紀さんに相手を気遣いながら円滑に交渉・説得を進める術を聞いた。

交渉の場につく前に相手に与えることが大切

かつて外資系の食品会社で営業として働いていた渡辺さん。店舗を訪問し、担当者に商品を紹介したり、特売企画を持ち込んだりする業務を担当していた。しかし、最初は商品を売るどころか、交渉する機会すら設けてもらえない状態が続いたそうだ。悩んだ渡辺さんは、先輩社員がどのように商談の場を作っているかを勉強するために、先輩の営業についていくことにした。

「先輩は店舗に入ると、バックヤードにいる担当者に元気にあいさつをしました。そのまま商談を持ちかけるのかと思ったのですが、彼はバックヤードの商品を手に取り、店舗の棚の補充を始めたのです」

補充が終わり、いよいよ商談かと思ったが、先輩は商談についてはまったく触れずに店を出て、次の店に向かった。

「どの店でも同じことを続けていました。しかし、ある店舗に入ると、担当者のほうから、先輩に商談をしようと声がかかりました。そして、あっという間に受注が決まったのです」

交渉や説得は、相手に譲歩を求める行為でもある。それをする前には、まず自分が相手に何かを与えることから始めるべきだと、渡辺さんは指摘する。

「交渉事が上手くいかないと思っている人は、まずは見返りを求めずに、相手の手助けをしてあげましょう。そのうちに、相手が自分に何かを返そうと思ってくれるは

渡辺さんの著書

たった一言 伝え方を変えるだけで、仕事の9割はうまくいく
(KADOKAWA)

「相手の心を動かす」「やる気を引き出す」「また会いたいと思われる」などのテーマにそって、相手に好印象を与える伝え方を実践的に紹介している。

教えてくれた人

渡辺美紀さん

Miki Watanabe

「10倍伝わる話し方」代表・講師。上智大学卒業後、外資系食品メーカーで、営業、営業企画を担当するかたわら、劇団を立ち上げて舞台役者としても活動する。その後、「話して伝えること」を仕事にしようと独立。テレビ、ラジオのMC・キャスター・ナレーターなどのほか、ビジネスパーソンを対象に「10倍伝わる話し方セミナー」を開催。伝え方に関する著作も出版している。

ず。その関係性が、スムーズな交渉につながっていくのです」

相手の意見を微調整して自分の意見を盛りこむ

　交渉の成功とは、自分の意見をのんでもらい、相手に譲歩を求めることだ。だからといって、鼻息荒く自分の意見を押しつけると、相手の態度が硬化してしまい、話が進展しなくなる恐れがある。それが上司や年上の人ならばなおさら。目上の人と交渉するときは、交渉にのぞむ姿勢そのものから変えることが大切だと渡辺さんは指摘する。

「キャリアが長い人や目上の人に一方的に意見を押しつければ、反発されるのは当然。何かをお願いする場合でも、〝力をお借りする〟という姿勢で交渉にのぞみ、相手の意見を引き出すことから始めてみましょう」

　そこで出た意見が自分の望むものでなくても、否定するのはNG。意見は尊重しつつ、補足したり、微調整をしたりしながら、自分の望む結果に導いていくやり方をすれば、相手のメンツを潰さずにすむ。

　一方、自分よりも立場が下の人に対して交渉や説得を行うときにも、メンツを潰さないように、微調整するとうまくいくと渡辺さんは言う。

「上司でも、部下でも、交渉や説得をするときは、相手の立場を気遣い、尊重することが大切です。同じことを言う場合でも、伝え方がすこし変わるだけで、相手が受ける印象は大きく変わります。仮に威圧的な態度で交渉や説得が成功したとしても、相手は気持ちよく動いてくれなくなり、成果が出なくなります。それだと、結果として交渉や説得が成功したと言えないのではないでしょうか」

渡辺式「気遣い」交渉・説得術3つのポイント

相手の心証を害しては、交渉はうまくいかない。「気遣いのポイント」を知っておこう。

POINT 1 「頻出単語」で信頼を得る

交渉の際には、相手が話すキーワードを見きわめ、それを自分の発言に取り入れよう。そうすることで、相手は「この人は自分のことがわかっている」と思うようになり、自分に委ねてくれるようになる。

この商品はとても「華やか」です。飾っておけばお部屋も「華やぎ」ますよ。
キーワード「華やか」

56ページ

POINT 2 持論を正面からぶつけない

相手を説得するときに、自分に確固たる意見があったとしても、それを一方的にぶつけることはNG。下の例のように、冷静な気持ちで相手の意見を聞き出してから、持論を展開するようにしよう。

○○さんのご意見をお聞かせください。

57ページ

POINT 3 否定はせず修正をする

相手に改善を促す行為でも、ただ否定するだけの方法と、適切な修正点を指摘する方法では受け取る側の心情は大きく異なる。たとえ立場が下の人でも、相手のプライドに配慮する言い方を心がけよう。

こうすればもっとよくなるよ。

58ページ

受け答え実例

1

メーカー社員が自社の商品を売り込む交渉

商談の場では1対1で話を進めるというケースは少ない。ここでは参加者すべてに気遣いの姿勢を見せつつ、円滑に商談を進めていく方法を紹介する。

自分　相手（取引先の上司）　相手（取引先の部下）

今回お持ちしたのは、吸水性が当社比で2倍になったタオルです。

タオルですか……。今はどの店舗も棚がいっぱいなんですよね。

じつは昨日、御社の新宿店と杉並店に伺ったのですが、A
売り場の○○さんが『タオルの売れ行きがいいから特設コーナーを作りたい』とおっしゃっていましたよ。

うーん、そうですか……。

そうだ。本日はサンプルをお持ちしたので、差し上げますね。
どうぞ××さんも1枚お持ち帰りください。
（同席している他社部下に渡す）B

ありがとうございます。じつは私、ランニングが趣味なので、
とても興味があるんですよね。

そうですか！私もランニングをするので使ってみたんですが、
本当にすごい吸水性なので、
大きなタオルを持たないで良くなりましたよ！

……性能がいいことはわかりました。ただ、色合いが少し
地味な気がします。私どもは、『明るい店舗』C
をキーワードに、商品もカラフルなものを揃える方針なんですよ。

来月にはカラーバリエーションが増えて、全10色になる予定です。
そうすれば、『明るい店舗』C にピッタリの商品がご提供できますよ。

わかりました、前向きに検討いたします。

相手の気持ち

じつは興味があったんだけど、上司の手前、発言しにくかったんだよね。話を振ってくれたおかげで、言いやすくなったよ。

A

「足を使って、相手側の情報を実体験したということは大きなアドバンテージになります。また、訪問した先の社員の名前をさりげなく出すことで、より話の信憑性が高まります」（渡辺）

B

「複数人を相手にした営業の場合、どうしても相手側の上役とばかり話をしてしまいがち。しかし、同席している部下にも話を振れば、思わぬ援護射撃が得られることもあります。話しながら相手部下に目線を送るだけでも印象が高まります」（渡辺）

C

「相手と話していると、キーワードとなる言葉や、何度も繰り返される頻出単語が出てくることがあります。そのワードは、まったく同じ言い回しで口に出しましょう。すると、相手が『この人は自分のことがよくわかっている』と思ってくれるようになります」（渡辺）

受け答え実例

2

人件費削減を目上の人に交渉する

会社の方針として決まったことを、目上の人に伝えなければいけないことも多い。
相手の顔を立てながら、こちらが意図する結論へと導いていくための交渉術を紹介する。

自分　相手（年上）

工場長、ご相談があるのですが……。

どうした？

コスト削減について、ご意見を伺いたいのですが……。 **A**

またかよ、もう削れるところなんてないよ。

たしかにそうだと思いますが、現場をご覧になっている工場長に、ぜひお力を貸していただきたいんです。

そうだなぁ。

先月出た新製品は、一部の部品を外注にすれば、少しは製作コストが下がるかな……。

相手の気持ち
力を貸せって言われたらしようがないな。ちょっと考えてやるか。

それ、いいですね！ **B**

さっそく手配しましょう！ それにプラスアルファすると工程が減るぶん、人件費も削減するという案はいかがでしょうか？ **C**

まあ、そうだな。

おかげさまでうまくいきそうです！ ありがとうございました！ **D**

このフレーズは絶対にNG

1 コストを削減しろと本社から言われたんですけど……。

2 私は人件費を削るしかないと思っているんですよ。

3 その案はダメでしょう。人件費を削りましょうよ。

1のように他人ごとのような言い方は、相手が目上の場合、押し切られてしまうことがあるのでNG。2や3のような意見の押しつけは、反発を招くだけ。

A

「一般的に、目上の人は、目下の人から意見を押しつけられることを嫌う傾向にあります。こちらが何かを伝える場合でも、相手の助けを求める言い方で話し始めるとよいでしょう」（渡辺）

B

「本来の目的は人件費の削減ですが、相手から出た意見には賛同しましょう。ここで否定をしてしまうと、相手は気分を害し、このあとに話す自分の意見が通りにくくなります」（渡辺）

C

「相手の意見を尊重しつつ、微調整するようにしましょう。『プラスアルファ』と添えてから、自分の意見を伝えると、相手はそれも自分が考えた意見の一部のように感じてくれるはずです」（渡辺）

D

「最終的な結論は自分が当初から考えていたものでも、相手に最大限の感謝の気持ちを伝えることが大事です。そうすると、相手はより自分の意見に共感してくれるようになり、最終的に相手を巻きこめます」（渡辺）

受け答え実例

3 仕事ができない部下を上手に説得する

自分よりも立場が下の人であっても、社会人として相手を尊重することは当然のこと。
意見を全否定せずに、改善を促すことで、相手のやる気を引き出す方法を学ぼう。

自分　相手（部下）

〇〇さん、例の企画書を作成しました。

どれどれ（……ひどい企画書だな）。
うん、ありがとう。
この表はとても見やすいね。どうやったの？ A

それはですね、
△△という機能を使いました。

そうかぁ。この表はしっかりと作れているのに、
他の部分で少しもったいないところがあるね。 B
たとえば、ここを箇条書きにしたら
もっとよくなるんじゃないかな。 B

たしかにそうですね。

あともうひと頑張りだよ。可能なら、 C
明日の昼までに修正してもらえるかな。

はい！やってみます！

相手の気持ち

全部がダメだったわけじゃないんだ。よし、もう少しだけ頑張ってみよう。

このフレーズは絶対にNG

1 何を言いたいのかまったくわからないよ。

2 少し考えればダメなことくらいわからないかなぁ。

3 企画会議は2日後だからな。絶対に間に合わせろよ。

1や2のように、相手の成果や意見を全否定することは相手の自信を喪失させる。また3のように、威圧的な態度をとれば、相手が萎縮してしまう。

少しもったいないところがあるね。

A

「まずは、相手のよいところを見つけて、ほめることから始めましょう。『期日通りに仕上げたこと』くらいのレベルでもかまいません」（渡辺）

B

「相手の成果を全否定するのではなく、修正を促すような表現にしましょう。『もっとよくなる』というひと言は効果的」（渡辺）

C

「期日が迫っていたとしても、強く言い過ぎると相手は萎縮してしまいます。期日を設定しつつも『可能なら』のひと言を添えれば、やわらかい印象になります」（渡辺）

ここに注目!

部下に注意する際は 感謝→修正→期待の順番を心がける

説得の際に否定から入ってしまうと、部下は落ち込んだり、恐れを抱いたりして、本来の力を発揮できなくなる。まずは何とかしてよいところを見つけて、それに感謝することから始め、そのあとで修正点を伝えよう。最後に期待の言葉を添えることも忘れずに。

否定
正論
命令
なんだこりゃ？
全然ダメだ。
そもそも、○○がダメだ。
××もできていない。
締め切りは明日だからな。
間に合わせろよ。
NG

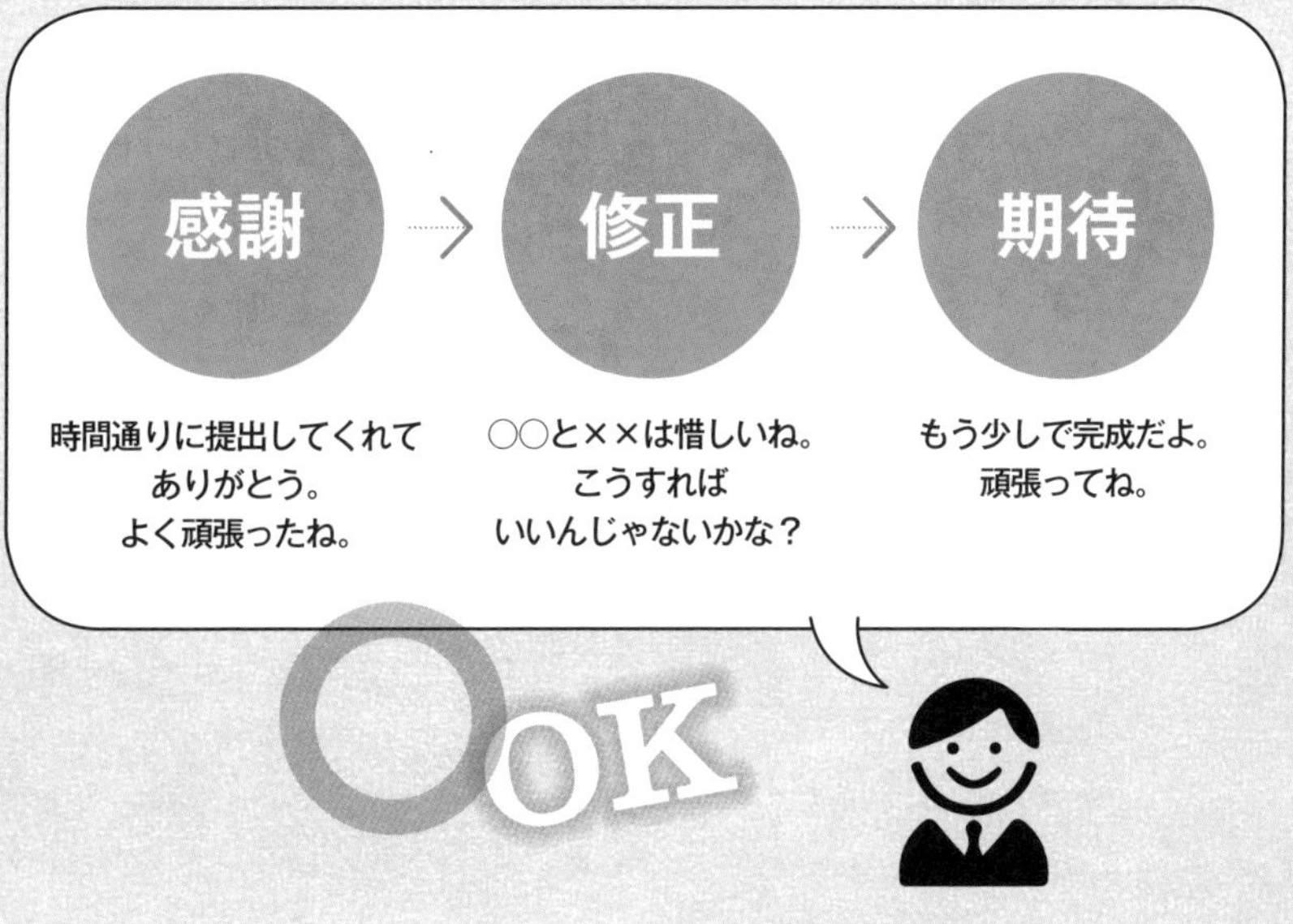

感謝
修正
期待
時間通りに提出してくれて
ありがとう。
よく頑張ったね。
○○と××は惜しいね。
こうすれば
いいんじゃないかな？
もう少しで完成だよ。
頑張ってね。
OK

CASE

02 依頼

相手のタイプを見きわめて頼みにくいことを頼む方法

ビジネスの現場では、さまざまなタイプの人間が集まって仕事をしている。和田裕美さんが分類したビジネスパーソンの4つのタイプを原型に、聞き入れて行動してもらうための頼み方について紹介する。

扱いにくい頑固タイプは「横耳」を使って動かす

和田さんが営業で活躍していたころ、自分の部下を「ポジティブ×ネガティブ」「素直×頑固」という基準で4つのタイプに分けて考えていたという（61ページ下欄参照）。そして心の中でそっと順位を付けていたそうだ。

和田さんの基準によると順位は①「ポジティブ素直」、②「ネガティブ素直」、③「ネガティブ頑固」、④「ポジティブ頑固」となる。

なぜ、「ポジティブ頑固」が最下位なのか。

「頑固な人は人の意見を聞かないので、コミュニケーションが難しいと思います。とくにポジティブな人は自分に自信があるぶん扱いにくいんです」

ネガティブな人は心のどこかで「自分を変えたい」と願っているので、きっかけがあれば変われるそうだ。しかし、「ポジティブ頑固」は、「はい、わかりました」と返事をするだけで何も変えようとしないそうだ。

「頑固な人は、じつは頭がよくて思考回路が複雑。ですから、自分の意見を押しつけて頼んでも、動いてもらえません。そんなときは『横耳』を使って動いてもらうようにしていました」

そばにいる素直な人にちょっと犠牲になってもらうというのが「横耳」。素直な人に話しかけて、そばにいる頑固な人に「横耳」で聞いてもらうという作戦。横耳で聞いたことなら従ったことにはならないので、結果的に聞き入れてくれたのと同じ結果になるそうだ。

教えてくれた人

和田裕美さん

Hiromi Wada

和田裕美事務所株式会社 代表。外資系教育会社でのフルコミッション営業時代、世界第2位の成績を残し、その後、95%の成約率という圧倒的な営業力で最年少の支社長となった。その実績を活かし、営業・コミュニケーション・モチベーションUPのための研修・講演を国内外で展開するほか、営業力、交渉力、コミュニケーション力アップのためのスクールも運営中。

和田さんの**著書**

和田裕美の人に好かれる話し方
（大和書房）

どんな相手に対しても自分らしく話せるようになる方法を解説した本。「共感ワードソフト」「語尾トレーニング」「微笑み返し作戦」「語尾マシュマロ」など、話すことが楽しくなる秘訣が満載。

どんな人でも「幸せになりたい」という気持ちを持っている

和田さんはスタッフに何かを頼むときも、「○○しなさい」などの命令口調では言わず、「○○しておいてもらえるとうれしい」という言い方をする。それは、命令をして動かすよりも、お願いをして自発的に動いてもらうほうが気持ちよく働けることを知っているからだそうだ。

「気持ちよく動いてもらうためには、ほめることがとても大切です。人はみんなほめられたいと思っています。私が営業で結果を出せたのは、ほめ上手の上司がいたからです。お世辞ではなく、本当に気持ちを込めることで人の心は動きます」と和田さん。

「ほめること」はネガティブタイプにも頑固タイプにも有効。機嫌をとるのではなく、真剣にほめることができれば、相手の気持ちは必ずプラスに向かって動き出すそうだ。

「どんなタイプでも心の中では絶対に『幸せになりたい』と考えているはず。だからいつも、彼や彼女の中にあるその気持ちを見つけたいと思っています」

和田さんの根底にあるのは、人の幸せを「見つけてあげたい」という気持ち。その気持ちがあるから、ネガティブタイプにも頑固タイプにも立ち向かっていけるのかもしれない。

「上司だから、部下だからという建前を超え、さまざまなタイプにぶつかっていきましょう。本当は人間に上下関係の意識なんて必要ないと思っています。年上の人や先輩を敬い、手伝ってくれる仲間に対して感謝する気持ちがあれば、それでいいのではないでしょうか」

和田式 分類4つのタイプ

＼あなたの相手はどのタイプ？／

和田さんによると、ビジネスパーソンは4つのタイプに分類できるという。同じもの言いでも、タイプによって受け止め方が違うので要注意。

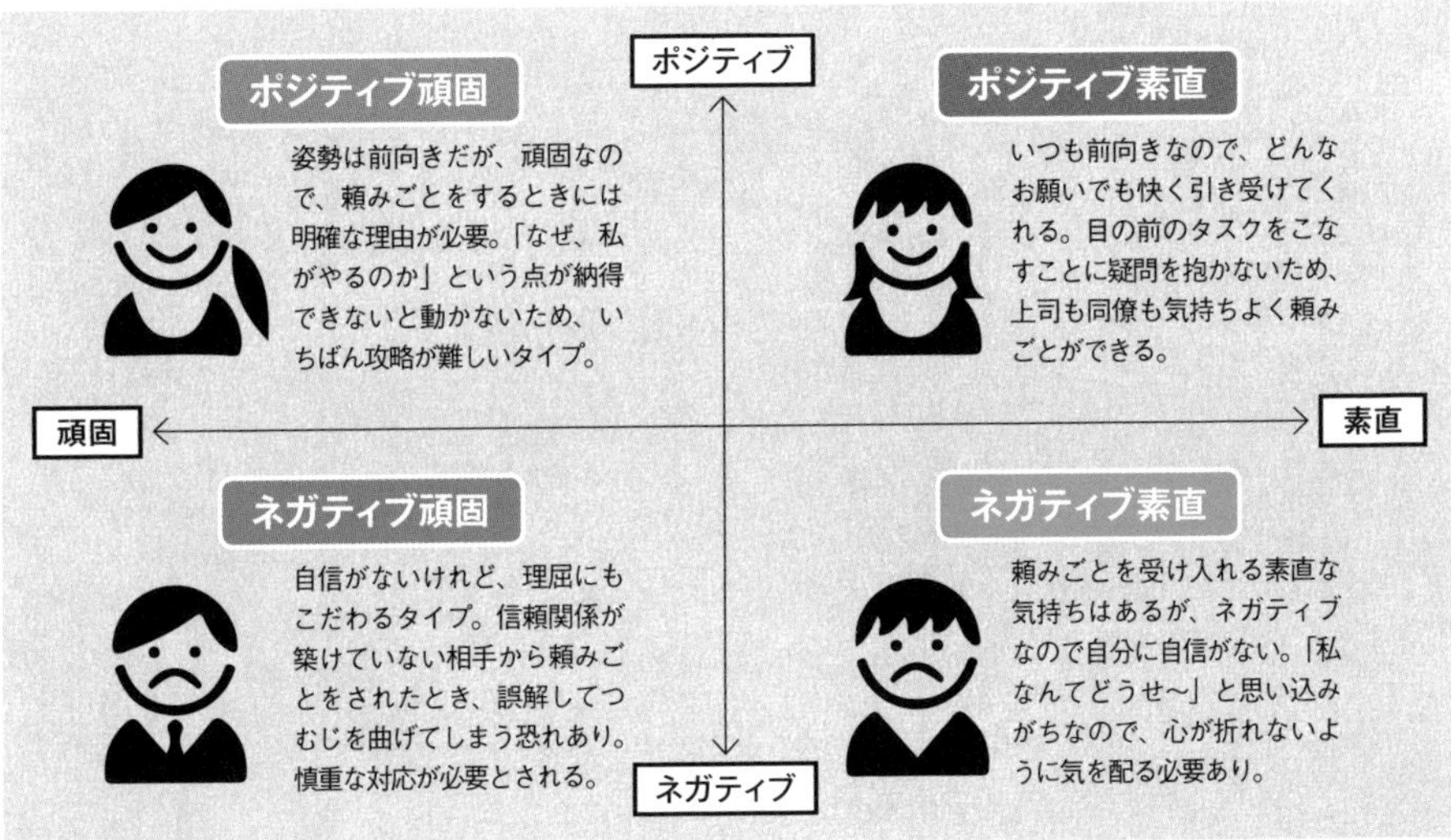
ポジティブ
ネガティブ
頑固
素直
ポジティブ頑固
姿勢は前向きだが、頑固なので、頼みごとをするときには明確な理由が必要。「なぜ、私がやるのか」という点が納得できないと動かないため、いちばん攻略が難しいタイプ。
ポジティブ素直
いつも前向きなので、どんなお願いでも快く引き受けてくれる。目の前のタスクをこなすことに疑問を抱かないため、上司も同僚も気持ちよく頼みごとができる。
ネガティブ頑固
自信がないけれど、理屈にもこだわるタイプ。信頼関係が築けていない相手から頼みごとをされたとき、誤解してつむじを曲げてしまう恐れあり。慎重な対応が必要とされる。
ネガティブ素直
頼みごとを受け入れる素直な気持ちはあるが、ネガティブなので自分に自信がない。「私なんてどうせ～」と思い込みがちなので、心が折れないように気を配る必要あり。

受け答え実例

1 急な仕事をお願いしたときの気持ちの変化（4タイプ別）

頼みごとをするとき、相手はどんな気持ちで聞いているのだろうか。
上司の依頼なら「わかりました」と返してくれるが、心の中ではそれぞれ違うことを考えていると理解しよう。

自分（上司）　相手（部下）

（自分）△△さん、ひとつお願いがあるんだけど、今、ちょっとだけいいかな？

（相手）あっ、はい、何でしょうか？

（自分）じつは、○○のプロジェクトで企画書の提出が1週間早まりました。A 手が足りなくて困っています。△△さんに資料作りを手伝ってもらえると助かります。B お願いできませんか？

（相手）はい、私でよろしければ。……ただ、今ちょうど、××さんのお仕事をお手伝いさせていただいています。

（自分）××さんには私からお願いしておきました。C こちらの仕事を優先してもらえませんか？

（相手）わかりました。

（自分）ああ、よかった。△△さん、よろしくね！

相手の気持ち
「わかりました」と納得してくれたように見えても、心の中はそれぞれ違う。左の欄を参照しよう。

ポジティブ素直
頼りにされたから、うれしい。喜んでもらえるように全力でやろう！

ポジティブ頑固
本当にこの仕事を優先していいのかな？××さんに自分で相談してみよう。納得できなかったら、そのあと断ろう。

ネガティブ素直
力になりたいけれど、私の実力で大丈夫かな。足手まといになって迷惑をかけてしまうかも。

ネガティブ頑固
私なんかで大丈夫かな？なぜ私に頼んだのか、理由も聞いてみたい。

A
「『なぜお願いしたいのか』をはじめに説明します。頑固タイプは自分が納得できないと行動してくれないため、理由をきちんと述べておくことはとても大切です」（和田）

B
「『○○さんに』と名前を呼ぶことが大切。『誰でもよいわけではない』というニュアンスが伝われば、ポジティブタイプはやる気を出してくれます。一方でネガティブタイプには要注意。『あなたに』という部分を強調しすぎるとプレッシャーを与えることに」（和田）

C
「事前に問題になりそうなことをクリアしておくことも大事です。頑固タイプは物事の筋道にこだわるため、この段取りを省いてしまうと失敗してしまいます」（和田）

受け答え実例

2 ネガティブタイプに営業成績の向上を頼む

ここではネガティブタイプに頼みごとをするときのコツを具体的に紹介。
ネガティブタイプは自分に自信がないので、「大丈夫なこと」を伝えて安心してもらうことが大切だ。

自分　相手（ネガティブ頑固&ネガティブ素直）

先月の数字を見ていたんだけど、かなり売上げが落ちていますね。何か、心当たりはある？ A

……いえ、あの、すみません。
先月はなかなかOKがもらえなくて……。
私のやり方が悪いのかもしれません。

何かやり方を変えた？

いえ、とくに変えていないんですが……。

じゃあ、大丈夫だよ。B 先々月はきちんと数字が取れているから。

いえ、全然ダメです。自分は営業に向いていないと思います。

そんなことない！ 今回のことは今回のこと。あなたには能力があるから、大丈夫！ C

……はい、わかりました。頑張ってみます。

相手の気持ち
本当に理由がわからない。きっと自分のせい。自分が悪いから成績が下がったんだ。

相手の気持ち
励ましてくれたのはうれしい。まだ不安はあるが、上司が応援してくれるなら、やるだけやってみよう。

このフレーズは絶対にNG

1 今月も同じような成績ならちょっと問題だよね。

2 理由はわかってるのかな？ ちゃんと反省してる？

3 結果が出ていないわけだから、理由はどうあれ、弁解できないよね。

1 2 のようにプレッシャーを与える言い回しはNG。「どうせ私なんか」とさらに殻にこもる原因になる。3も逃げ場を奪うような言い方なので、ネガティブタイプには使わないようにしよう。

A
「ネガティブタイプには頭ごなしに叱らないこと。『心当たりは？』という言い回しで、理由を尋ねます」（和田）

B
「ネガティブタイプには自信をつけさせることが大切です。力強く『大丈夫』と言って励まします」（和田）

C
「ネガティブタイプがおちいりやすい自己否定。失敗をしても、『できない人ではない』と認識してもらいましょう」（和田）

受け答え実例

3 頑固タイプに仕事の効率アップを頼む

プライドが高く、人の言うことは聞かないこの頑固タイプはほめられただけでは動かない。
相手に解決策を問いかけ、「自分で決めた」という形にして動いてもらうのがベター。

自分（上司）　相手（ネガティブ頑固&ポジティブ頑固）

△△さん、確認させてもらってもいい？先週頼んだ企画書の件だけど、どこまで進んでいる？

はい、まだ資料集めの段階です。

やっぱり大変ですか。

いいえ、確認することが多すぎて、少し時間がかかっています。A

わかりました。でも、少しペースを上げないと間に合わなくなるよね。何かいい方法はない？B

そうですね……そう言えば、××先輩が以前同じような案件の企画書に取り組んでいました。ちょっとアドバイスしてもらいます。

それはいい考えだと思うな。私からも××さんに頼んでみます。C

はい、お願いします。

相手の気持ち

進行が遅れているのは仕事量の問題。自分のやり方がマズイわけではない。

相手の気持ち

自分の提案を受け入れてくれた。協力してくれるなら、もう少し頑張ってみよう。

このフレーズは絶対にNG

1 企画書進んでる？大丈夫なの？

2 ペースが遅いよね。やり方を間違えているんじゃない？

3 それじゃダメですね。××先輩に教えてもらいなさい。

1のように心配しても2のように厳しく言っても素直に従わない。最悪なのは3。頭ごなしに否定すると強く反発してくるので、仕事がはかどらなくなる。

A

「苦戦しているのが明らかでも、頑固な人は自分の非を認めたくありません。反論せずに『わかりました』と受け止めます」（和田）

B

「一般的に、頑固なタイプはプライドが高い人が多いので、解決策をこちらから押しつけず、『いい方法は？』と尋ねます」（和田）

C

「相手の提案を受け入れ、さらに『自分も協力する』と申し出れば、プライドを傷つけることもありません」（和田）

ここに注目!

信頼関係が結ばれていないと「頼む → 頼まれる」が奴隷の関係になってしまう

上司が部下に雑用を頼むときは、お互いに信頼関係が築けているかどうかが重要なポイントになる。同じことを頼まれても、信頼関係のある・なしによって相手の受け取り方や、気持ちが違うことを理解しておきたい。雑用を頼むことが悪いわけではない。信頼関係があれば同じ雑用でも前向きに捉えてこなしていくことができるようになる。

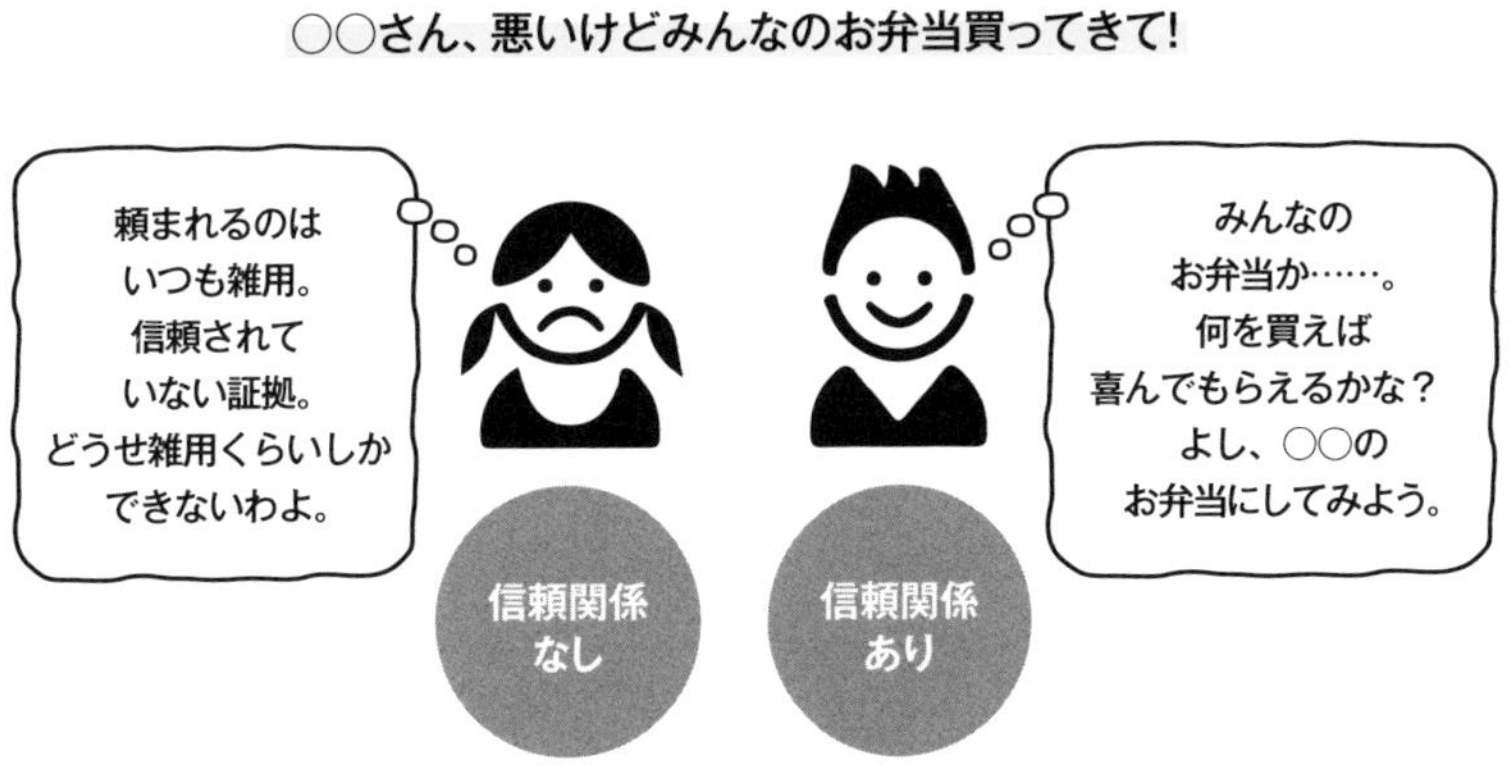
○○さん、悪いけどみんなのお弁当買ってきて!
頼まれるのはいつも雑用。信頼されていない証拠。どうせ雑用くらいしかできないわよ。
信頼関係なし
信頼関係あり
みんなのお弁当か……。何を買えば喜んでもらえるかな？ よし、○○のお弁当にしてみよう。

上司に頼みごとをする場合はネガティブ or ポジティブに合わせて作戦を変える

上司は元来、頑固な部分を持っているので、問題はネガティブかポジティブか。ネガティブな上司に頼むときには、事前に裏づけとなる数字やデータを用意しておくこと。感情では動いてくれない。一方、ポジティブな上司には感情を前面に押し出して情動に訴えること。共感してくれれば、理屈を二の次にして動いてくれる。

本当にうまくいく? 根拠が足りないなぁ。
ネガティブ頑固
ポジティブ頑固
それいいよね! やろうやろう、やってみよう!

CASE 03

謝る・断る

相手を不快にさせずに うまく謝る・断る方法

「謝ったり断ったりするのは苦手」と思うビジネスパーソンは多い。しかし、謝罪や拒否することも仕事で必要なスキルのひとつだ。クレーム対応のエキスパート・援川 聡さんにそのコツを聞いた。

謝る・断るのパターンを頭に入れておく

断ったり謝ったりすることには、基本的なノウハウがある。それをマスターすることで、いたずらに気をもんだり、余計なトラブルに発展したりするのを防ぐことができる。

「もっとも大切なのは、相手を『クレーマー』『モンスター』にしないことです」

援川さんによれば、本当に悪質なクレーマーはほとんど存在しないという。感性が人とは少しだけ異なる人がいるだけだ。

「相手が感情的になっていると、つい自分も上から目線で対応しがちですが、それは厳禁です」

多くの企業が「顧客満足」をうたい、商品やサービスのファンを作ることを目指している。

「ふだんの業務にかまけていると『顧客満足』の原則を忘れがちですが、顧客を満足させればトラブルは回避できるのです。この原則は自分にとっての防衛手段にもなります」

援川さんは、クレーム対応のポイントをスキーのジャンプ競技にたとえている（67ページ下図参照）。

まず、スタート直後は姿勢を低くし、相手にお詫びする「親身」。次に、ジャンプ台を踏み切ったら、少し目線を上げて相手の話をじっくり聞く「受身」。それでも解決できなければ、要求には応じず拒否の意思を伝える「捨身」となる。「こうしたクレーム対応の基本をマスターし、誠意を込めた対応を心がければ、

教えてくれた人

援川 聡さん

Satoru Enkawa

株式会社エンゴシステム代表取締役。1956年広島県生まれ。1979年大阪府警察官に。1995年に大手流通業に転職、元刑事の経験を生かしてトラブルや悪質なクレームの対応にあたる。2002年（株）エンゴシステムを設立。豊富なクレーム対応の経験をもとに、企業や医療機関、役所などをサポート。講演・セミナーは年間100回以上、新聞・雑誌への寄稿、テレビ出演も多数。

援川さんの著書

現場の悩みを知り尽くしたプロが教える クレーム対応の教科書
（ダイヤモンド社）

20年以上の現場経験を持つ著者が、マニュアルでは解決できないクレーム対応のポイントを、リアルな事例と図解でわかりやすく伝授。

相手のペースに巻き込まれ、余計なトラブルに発展するようなことはなくなるはずです」

段階を追って「視界」を狭める

「クレーム対応では、絶対に『焦らない』ことが大切です」と、援川さんは極意を説明する。

「親身」の段階では、相手がヒートアップしないように、スピーディな対応が求められる。しかし、次の「受身」「捨身」の段階になったら、腰を据えて相手の出方を見守る必要があるのだ。

「トラブル発生直後の速やかな対応は誠意の証しですが、そのあとの対応で解決を急ぐと、思わぬ失敗をします」

スピーディな対応とスピード解決はまったく違うことを肝に銘じておこう。

では、解決を焦らないためにはどうすればいいか。

「段階に応じて『視界』を調整していくことです」

「親身」では、視界を大きく広げ、目配り・気配りをする。そうしないと、相手の不満や目的がわからないからだ。次の「受身」の段階では、視界をせばめ、相手がこだわっていることに焦点をしぼっていく。そして、「捨身」になったら、あえて視界を閉ざすぐらいの気持ちで対応する。相手が文句を並べても、聞く耳を持つ必要はない。

このように、段階に応じて視界を調整するのは、「やるべきこと」をはっきりさせ、冷静に行動できるようにするためだ。

「対応が難しいクレームであればあるほど、こちらの行動はできるだけ単純化する必要があります。『やるべきこと』をシンプルな『作業』として考えることで気が楽になり、適切に対応できるはずです」

援川式「親身」「受身」「捨身」で対応する

3段階の選手の姿勢がそのままクレーム対応時の姿勢と考えることができる。

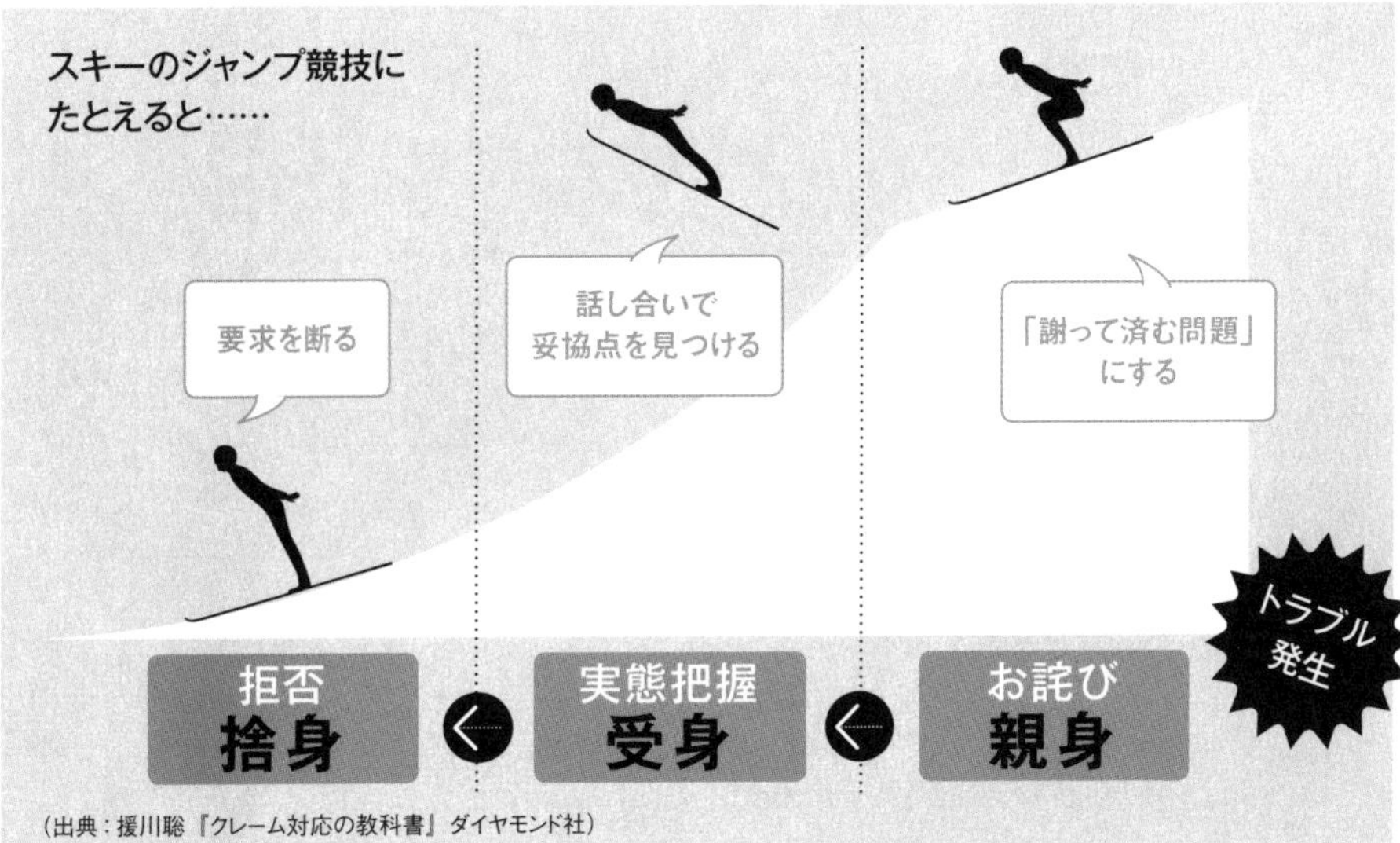
スキーのジャンプ競技にたとえると……
トラブル発生
「謝って済む問題」にする
話し合いで妥協点を見つける
要求を断る
お詫び
親身
実態把握
受身
拒否
捨身

（出典：援川聡『クレーム対応の教科書』ダイヤモンド社）

受け答え実例

1 迷惑をかけたクライアントに謝罪する
【親身 お詫び】

相手から叱責を受けると、反射的に「申し訳ございません」という言葉が出る。自然な反応であり、相手の怒りを鎮めるには、何はともあれ謝罪することが大切だ。お詫びがないと解決は図れない。

自分　相手（クライアント）

昨日、納品していただいた製品サンプルに、不具合があったんですが。

さようでございますか。大変申し訳ございません。A

今日の午前中はその対応に追われ仕事にならなかったのですが。

そうでございましたか。B

納品前にきちんとチェックしていただかないと困りますね。

おっしゃるとおりでございます。

これからはしっかりお願いしますね。

このたびは、私どもの不手際によりお手間をとらせてしまい、申し訳ございません。C

相手の気持ち

誠意をもって応対してくれたな。これ以上、責める必要はないかな。

A

「トラブルの原因がはっきりしない段階でも、まずは謝罪するのがポイント。とくに相手が感情的になっている場合は、怒りを鎮めるために、最初のお詫びは必須です」（援川）

B

「まずは相手に話をさせ、あいづちを打ちながら、感情が鎮まるのを待ちます（左欄参照）。おおよそ5分ほど経過すれば、相手と冷静に話ができるようになるはずです」（援川）

C

「最後に、相手を気遣う言葉を添えて謝ることで、人間関係もスムーズになります」（援川）

3つのポイントに絞ってお詫びをする

1 相手の不快感に対して
「ご不快な思いをさせて」

2 相手の不満に対して
「ご不便をおかけして」

3 こちらの不手際に対して
「お手間をとらせて」

＋

「申し訳ございません」

相手は自分に落度があると思っていない。上記の３点についてお詫びし、謝罪の言葉を付け加えよう。

3つのあいづちで相手に共感を示す

1 ストレートに同調する
「はい」「さようでございますか」

2 強めに同調する
「ごもっともです」「おっしゃるとおりです」

3 感嘆をこめて同調する
「えっ、そうなんですか」「そんなことがあったのですか」

相手の興奮がおさまるまでは、上記の３パターンであいづちを打ちながら、相手の話に耳を傾けよう。

受け答え実例

2

お客様からのクレームに対応する

【受身 実態把握】

いくら相手の外見や口調が怖そうでも、それだけで悪質なクレーマーとは考えないこと。
相手の言い分を傾聴して、クレームの実態を把握するよう努めよう。

自分　相手（お客様）

いったい、どんな社員教育をしているんだ！

ご不快な思いをさせてしまい、
誠に申し訳ありませんでした。
カーナビの調子が悪いとのことですが……。

あの店員はアルバイトか？
お客への対応がまったくなっていないじゃないか！
（以下、クレームの言葉が続く）

（クレームが一段落したところで）A
あの社員は経験が浅く、ご迷惑をおかけしてB
誠に申し訳ありません。
今後、しっかり指導して参ります。
また、お待たせしてしまい、
申し訳ございませんでした。

カーナビのほうはどうなるんだ？

不具合に関しては、全力を尽くして
原因を調査いたします。
さしあたり、ポータブルのカーナビを
取り付けさせていただきますので、C
代替としてお使いいただけないでしょうか。

わかった。すまなかったな。

相手の気持ち

あの店員は新人だったのか。カーナビが使えれば、それでいいか。

A

「相手の言い分を聞きながら、クレームの実態を把握します。途中で話の腰を折らないように、相手に『言いたいことは話した』と思わせます」（援川）

B

「お詫びの言葉を述べながら、クレームの『枝葉』の部分を切り落とします。ここでは、従業員の接客態度が悪かったことに焦点を当てています」（援川）

C

「会話をしながら、相手の要望を見きわめ、それに沿った具体的な提案をします。反応をうかがい相手が納得すれば、このクレームは解決です」（援川）

受け答え実例

3

お客様からの無理な要求を断る【捨身 拒否】

金品を目的とした悪質なクレーマーは、具体的な要求を口にすることはない。
こちらにあらゆる手でプレッシャーをかけてくるので、くり返し「できない」ことを伝えていくのがポイントだ。

自分　相手（お客様）

昨日買ったサプリメントにプラスチック片が入っていたぞ！

大変申し訳ございません。すぐに新しい品と交換させていただきます。

そんなものはいい！　誠意を見せろ！

誠意とは、どのようなことでしょうか？

それは、そっちが考えることだろう？

すみません。この場ではこれ以上の対応はできません。A

念書を書け！

恐れ入りますが、私の一存では書けません。B

だったら、慰謝料を払え。

それはできません。

どうしてだ？

社会通念上、C
誠意を尽くしているつもりです。
上司と相談のうえ、D
ご連絡させていただきますので
お名前をお聞きしてもよろしいですか？

もういいよ！

相手の気持ち
なんかおおごとになりそうだから、もうやめておこうかな。

A
「丁寧な謝罪の言葉を述べながら、拒否の意思をはっきりと伝えます。『では、いくらお支払いすればいいでしょう？』と金銭的要求を先回りするのは絶対に禁物です」（援川）

B
「クッション言葉を添えて、『できない』とはっきり伝えます。とくに念書は、悪質なクレーマーの脅しの道具になるので、絶対に書かないようにしましょう」（援川）

C
「最後は『社会規範』や『社内規定』を拠り所にします。『総合的に考えて』といったあいまいな表現も有効です。『誠意の基準』を社内で話し合っておきましょう」（援川）

D
「自分では対応しきれないクレームの場合、このように『ギブアップ』してしまうのもひとつの手。会話を切り上げてしまえば、あとで時間をかけて適切な対応ができます」（援川）

ここに注目!

お詫びの際は「D言葉」は「S言葉」に変換する

クレーム対応をしていると、不用意なひと言で失敗することがある。代表的なのが「ですから」「だって」「でも」。これらを「D言葉」と呼び、クレーム対応時には厳禁とする。その代わり「失礼しました」「承知しました」「すみません」のような「S言葉」を使うようにしよう。

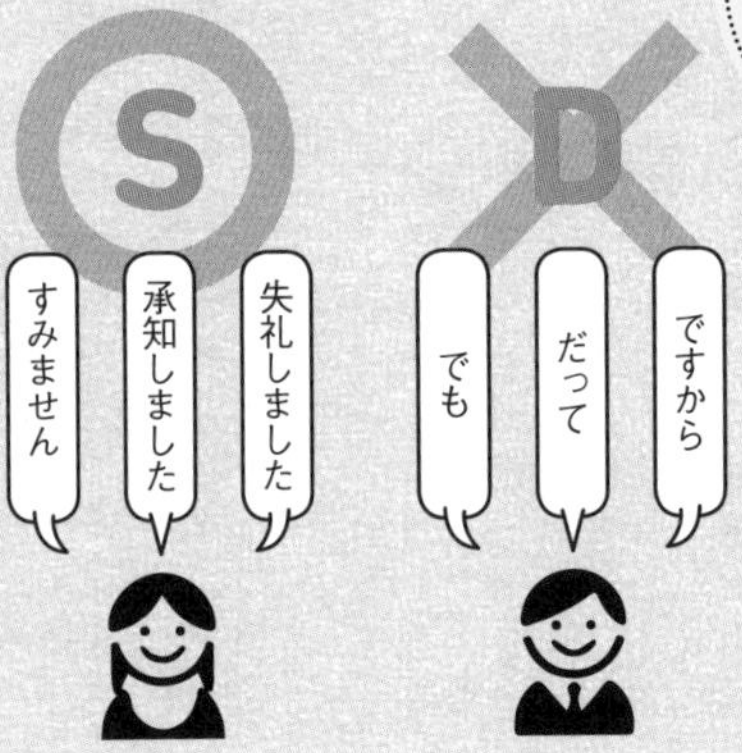
S
すみません
承知しました
失礼しました
D
でも
だって
ですから

「聞く6割」「話す3割」で実態を把握し残り1割で合意する

相手の言い分を聞いているときは、途中で話の腰を折らないことがポイント。話が脇にそれることもあるが、お詫びをしながら、クレームの「枝葉」の部分を切り落としていく。そのうえで、問題を解決する提案をしてみよう。目安として「聞く6割」「話す3割」、残り1割が相手の了解を得る「合意」と思えばいい。

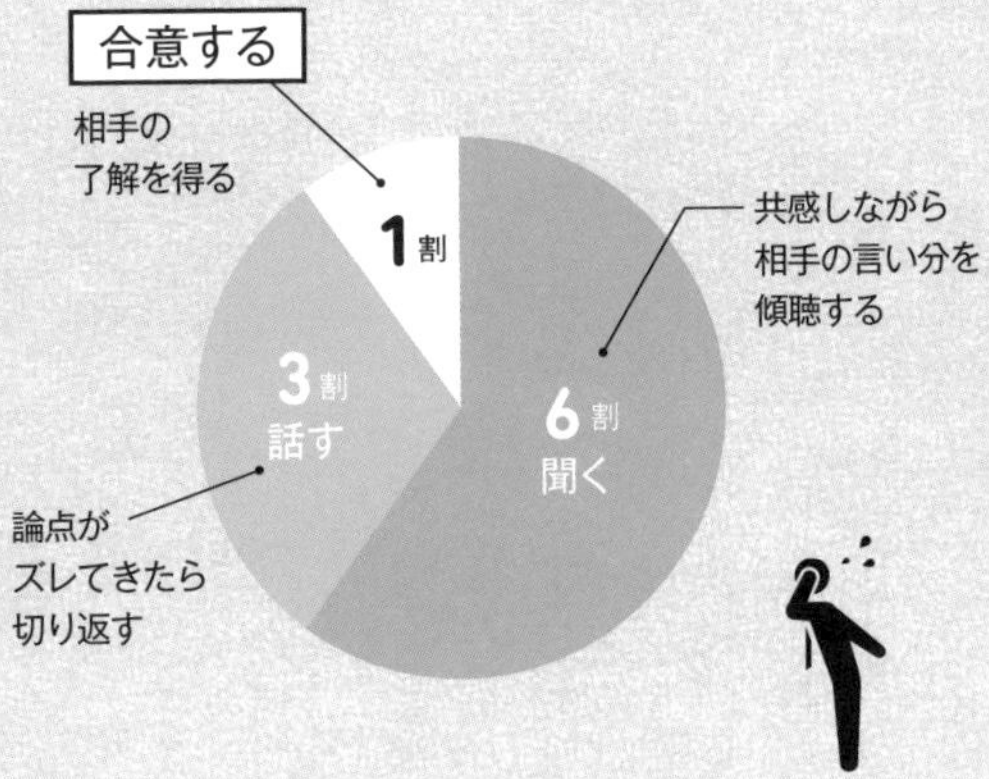
合意する
相手の了解を得る
1割
共感しながら相手の言い分を傾聴する
6割 聞く
3割 話す
論点がズレてきたら切り返す

ラグビー型組織で職場の仲間、会社が担当者をバックアップ

悪質なクレーマーに担当者がひとりで対応していると、大きなトラブルに発展する可能性がある。個人と組織が有機的に結びつくことが大切だ。最初は、担当者としてクレーマーと対峙するが、問題が解決しなければ、職場の仲間、さらには会社全体でフォローする。これをラグビーのチームにたとえると、右のようになる。

担当者が責任を持って対応する	チームの先頭プレイヤーがタックルをかわしながら、相手陣地のゴールを目指す。
相棒とタッグを組み問題解決に努める	先頭プレイヤーが倒れそうになっても、チームメイトが素早くパスを受ける。
チーム一丸となって組織戦を展開する	チームメイトがスクラムを組み、陣容を立て直したり、スクラムトライを狙ったりする。

CASE 04

反論

感情に支配されず論理的な反論を行う方法

ビジネスの現場では、自分が思うとおりに物事が進むことのほうが少ない。その場合は、感情的にならずに反論の論理を組み立てなければいけない。弁護士として活躍する木山泰嗣さんに、ビジネスにおける反論術を聞いた。

「反論」とはケンカではなく会話のやりとりに過ぎない

「ドラマの影響か、弁護士という職種は攻撃的な人ばかりというイメージを持たれてしまうことが多いですね（笑）」

弁護士と検察官が火花を散らし、反論に反論を重ねて相手を徹底的にやりこめる。そんなシーンをドラマではよく見る。しかし、弁護士として法廷に立つ木山さんはそんな印象とは正反対の人物だ。

「法廷以外で相手の代理人に会えばあいさつをします。もちろん、法廷では反論をしなければいけないことは多いですが、それはあくまでも仕事だから。仕事として、言うべきことを言っているだけに過ぎません」

反論と聞くと、相手との衝突や軋れきを恐れて尻込みをしてしまう人は多い。また、相手が上司や年上の人ならば、余計に何も言えなくなるケースもある。そうなる理由として、木山さんは多くの人が持つ、反論への偏ったイメージを挙げた。

「反論という行為を、攻撃的で、感情的なものと結びつけてしまっている人は多いと思います。しかしそもそも反論とは、相手にケンカを売る行為ではないのです。必要なことを相手に伝える、会話のキャッチボールであるということを認識しましょう」

弁護士の研修では、相手に勝っても必要以上に相手をやり込めてはいけない、と教えられるそうだ。感情に支配されなければ、必要以上に相手をやり込めることはなくなる。反論する側もされる側も、

教えてくれた人

木山泰嗣さん

Hirotsugu Kiyama

弁護士。上智大学法学部卒。鳥飼総合法律事務所客員弁護士。税務訴訟および税務に関する法律問題を専門にする。弁護士としての活動以外に、青山学院大学法科大学院教授（租税法。法学部「法学ライティング」）、上智大学法科大学院「文章セミナー」講師もつとめる。豊富な経験をもとにした著作も多い。著書に『弁護士が勝つために考えていること』（星海社新書）がある。

木山さんの著書

弁護士だけが知っている反論する技術
（ディスカヴァー・トゥエンティワン）

弁護士である著者が、会議での議論や顧客からの問い合わせ、さらに友人や恋人との会話の中など、あらゆる場面で上手に反論を行うための技術を紹介している。

冷静に議論することが大切だ。

感情的にならず データと事実で反論する

実際に反論を始めるときに、まず重要なことは、相手の情報や弱みを正確につかむことだと木山さんは語る。そのためにはいきなり反論を始めるのではなく、質問の形で相手にさまざまなことを聞いてみる方法がもっとも適している。

「たとえ反論すべき余地がなかったとしても、質問を続けていれば、相手に矛盾やほころびが出てくることがあります。もしも相手が崩れなかったとしても、質問を続けていれば自分の考えが整理され、のちの効果的な反論につながっていきます」

質問を重ねて、争うべき点が明確になったらいよいよ反論が始まる。ここで大切なことは、〝動かしようのない事実〟を相手に提示することだという。

「過去の事例や統計上の数字などは、感情とはまったく関係のない〝事実〟です。反論の論理を組み立てるときには、事実を淡々と積み上げていく方法がよいでしょう」

事例や統計などを反論の手段として使うには、事前準備が欠かせない。とくにプレゼンや会議など、多くの相手から指摘を受けることが予想される場所に行く前には、反論の材料を入念に準備していく必要がある。

「弁護士の仕事も同じです。裁判ではアドリブで話しているように見えますが、事前に話の内容をシミュレートしているもの。想定問答集を考えておけば、反論されても慌てなくなりますし、想定に沿って話すことを意識すれば、一時の感情に支配されることもなくなります」

木山式 冷静かつ論理的反論に必要な3か条

反論のやり方を間違えると、相手との関係が悪化して、のちのビジネスに悪影響が出ることもある。反論の心がまえを知っておこう。

1 反論とはケンカを売る行為ではない

反論をケンカと同一視してしまえば、相手との関係性に溝ができてしまう。反論とは、あくまでも仕事を遂行するうえで必要な会話のやりとりと考え、淡々と言うべきことを伝えるようにしよう。

私の
考えでは…。

2 反論するには入念な準備が必要

相手の言ったことに脊髄反射のように反論するのはNG。事前の準備をしていない状態では、根拠のない反論になる。それどころか感情的になり、余計な言葉を口走る危険性もはらんでいる。

データに
よりますと…。

3 必要以上に相手をやりこめない

ビジネスにおける反論は、会議やプレゼンの席など、第三者がいる場所で行われることが多い。そこで勝敗がついた相手をさらに攻撃する姿を第三者に見せれば、その後の業務に差支えがでてしまう。

ご意見ありがとう
ございました。

受け答え実例

1
質問の形を使い、相手の情報や弱みを探る

何の材料もないのに、ただ言い返すことは反論ではなく、言いがかりに過ぎない。
まずは反論のきっかけを見つけるために、効果的な質問をぶつけてみよう。

自分（上司）　相手（営業）

こちらが、この夏新しく発表されたクラウドシステムです。これがあれば、コストが大幅に削減できます。御社に最適なビジネスソリューションをご提供できますよ！

すみません、「ソリューション」ってどんな意味でしたっけ？ A

……それはですね、その、ビジネスの問題をですね、なんと言いますか、円滑にするというかですね……。

わかりました。では、成功事例はどの程度あるのですか？ B

導入した会社は、100％コスト削減できていますよ！

具体的には何件くらいですか？ B

……弊社がお取り扱いしたのは、5件ですね。

それでは、まだ、十分なデータとは思えませんね。また、先ほど、「この夏発表された」と仰っていましたよね。 C
具体的にはいつからですか？

7月からです。

そうすると、まだ1か月程度ですか？それならば、長期的に見てコストが下がるかわからないのでは？

いや、その……。

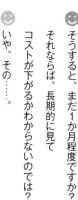

A
「まずは言葉の意味や定義などから質問してみるとよいでしょう。例のように相手がしどろもどろになれば、その時点で主導権が握れます。仮に、相手が流暢に答えられたとしても、質問を続けることで、会話の主導権を握れます」（木山）

相手の気持ち
マニュアルにあったことを言っただけなんだよな……。まいったな。

B
「押しが強い相手には、成功事例や失敗事例など、動かしようのない事実を尋ねて、相手の弱みを探ります。また、数字のマジックに引っかからないよう、母数も含めて聞くことが重要です」（木山）

C
「相手の矛盾点は正確に突きます。矛盾点を指摘すれば、相手はそれがなぜ矛盾していないかを説明する必要に迫られます。矛盾点のあぶり出しは、重要な反論術のひとつです」（木山）

受け答え実例

2

上司の出した販売促進案に反論する

上司の出す意見に対して、頭ごなしに反論してしまえば、その後の職場での立場が厳しくなるだろう。相手を立てながら、自分の意見を正確に伝える方法を紹介する。

自分　相手（上司）

○○店の売上げを伸ばす施策だが、夏物のセールをすることにしよう。

（セールはやりたくないなぁ）
部長。セールは利益を圧迫するだけです。
代案として、秋物を前倒しで売り出してはいかがでしょう？A

秋物を出すのは早過ぎるだろう。

いえ、××店では、昨年秋物を早く売り始めましたが、その結果、前年比で140%売上げが伸びています。B

じゃあ、夏物はどうする？
在庫を抱えるわけにはいかないぞ。やはりセールだろう。

セールが目玉になると、お客様はそれだけを目当てに来店することになってしまいます。
たとえば、秋物を買われた方に、夏物限定のクーポン券を発行する案はいかがでしょう。

うーん。それでは弱くないか？　夏物がさばけるかわからんぞ。

では、ここで一旦、問題点をまとめてみますね。
秋物を前倒しで出すことは決定でよいと思いますが、夏物をセール以外でどうさばくかということが問題ですね。C

そうだな。

相手の気持ち

うーん。セールをやろうと思ったけど、まとめられると、そんな気がしてくるなぁ。

A

「反論のあとには、必ず代案を出すようにしましょう。ただ相手の意見を否定するだけでは、話が平行線をたどってしまいます」（木山）

B

「自分が出した反論に対して、相手に突っ込まれたときに、明確な数字を出してさらなる反論をするのはとても有効な手段。動かしようのない事実を出せば、相手はそこに反論できません」（木山）

C

「議論が白熱した場合や、先に進まなくなった場合は、率先して問題点の抽出を行いましょう。ポイントは、自分で問題点を設定していくこと。こうすれば、自分に有利な問題点のみを残すことができます」（木山）

76ページへ続く

著名な先生のお話によれば……。（他人の意見を借りる）

自分　相手（上司）

（自分）競合他社の話なのですが、シーズンものを売り切るために夏物の取り扱い期限を決めてしまい、「○月○日で終了」というチラシ広告を出したことで、売上げが伸びたそうです。

（相手）たまたまじゃないの？ 本当に効果あるのかね。

（自分）ビジネス心理学を研究されている○○大学の××教授によれば、D 人間は基本的に機会損失を嫌う傾向があるので、有効な手段であるということですよ。

（相手）ふーむ、そうか。

（自分）それでは、話をまとめますと、E 今回行う施策は、秋物を前倒しで売ることと夏物販売の期限を決めて、広告を出すということでよろしいですね？

（相手）わかった。それでいってみよう。

このフレーズは絶対にNG

1 セールですか？ 難しいと思いますけどね……。

2 多分、この案のほうがいいと思うんですよね。

3 その案より絶対にこの案のほうがいいですよ！

1のように、代案を出さないのは問題外。2のように自信なさげに言うと、相手に押し切られる。また、立場が上の人間に3のように言うと、その後の関係が悪化する恐れが。

D

「反論を行う場合には、他人の言葉を借りて自分の意見に権威づけをすることも有効です。こうすることで、反論に客観性が加わり『自分だけの意見ではない』と相手に伝えられます」（木山）

E

「ある程度議論が落ちついてきたら、話をまとめてしまうこともよい手段です。Cの『問題点の抽出』と同様に、自分に有利な方向に結論を決められます」（木山）

← 75ページの続き

ここに注目!

応用可能な質問パターンを複数持っておこう

相手の論理にスキがないと思ったときには、あらかじめ用意しておいた質問で場をつなごう。下の例のように「話題のそもそもの定義」を聞くこともよい方法。言葉の定義を聞いたり、図で書いてもらったりするうちに、新たな質問が浮かぶことがある。

問題点の抽出を自分で行えば展開を有利にできる

議論が白熱してきたら、そのまま話を続けても意味がない。そこで有効な手段は、一度議論を止めて、問題点を抽出すること。ここで大切なことは、問題点の抽出を自分で行い、さらに自分に不利な点は問題点から排除してしまうことだ。問題点を誰かが挙げれば、相手は「そんなものかな」と思う傾向があるので、こちらが意図的に省いた問題点に気づかれにくい。

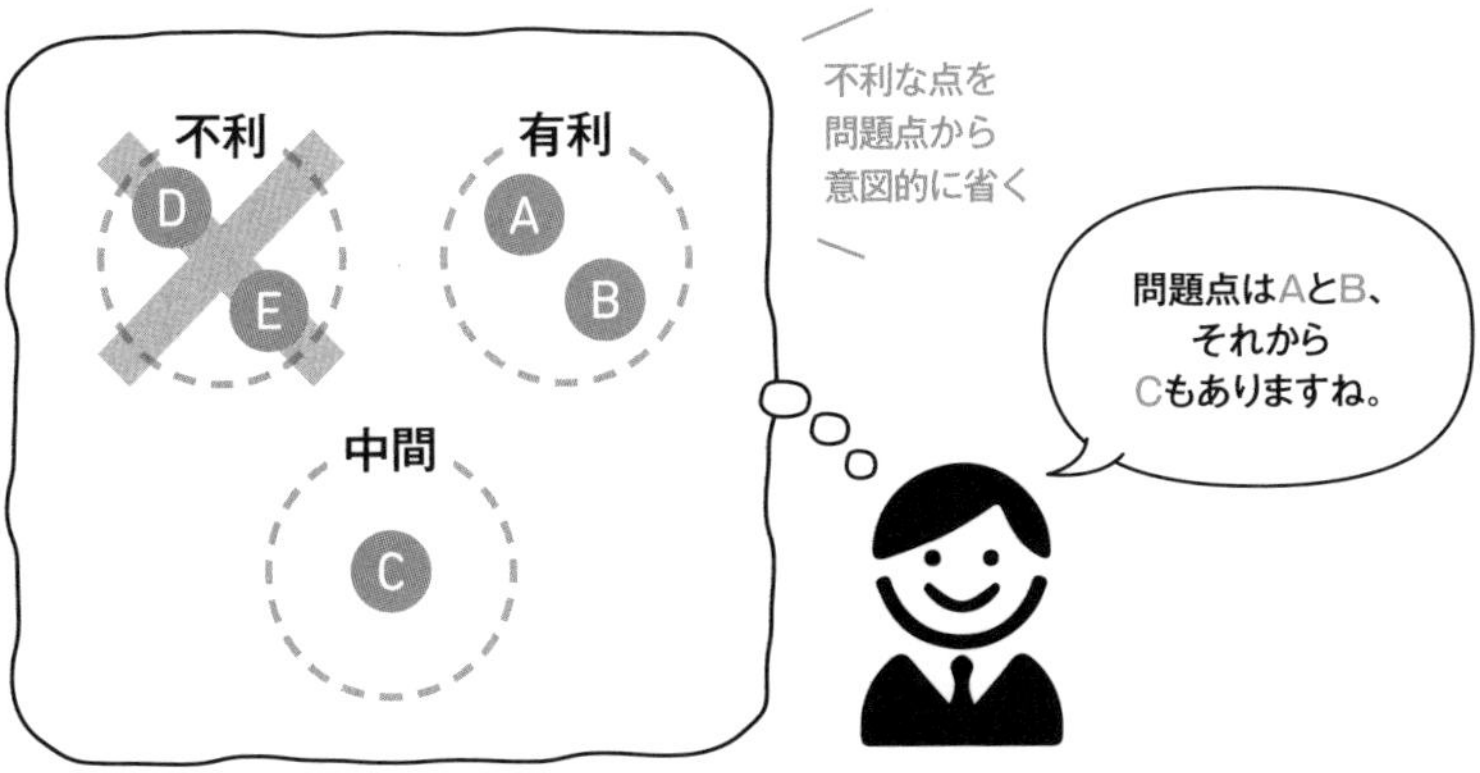

上司 → 部下

部下のやる気をアップさせる

ほめ方・叱り方

部下を言葉だけでほめたり、頭ごなしに叱ってはいけないのはわかる。でも実際どうすれば? 感情コントロールのエキスパート・池田貴将さんに、部下の正しいほめ方・叱り方を聞いた。

〈感情〉をうまく使って部下との関係を築く

自分が初めて部下を持ったとき、もっとも難しいと感じるのがほめ方・叱り方だろう。部下がよい方向に向かっているとき、どんな言葉をかけてそれを伸ばすか、部下が間違ったことをしているとき、どうやってその方向を正すのか。下手なことをして図に乗ったり、やる気を無くされたりしてしまっても困る。

「部下をほめたり叱ったりするために、まずは自分の核となる〈感情〉をしっかりと持ちましょう」と池田さんは語る。

じつは、人は言葉や理屈よりも、〈感情〉にこそ大きな影響を受ける。たとえば、どんなに乱暴な言葉を投げかけて叱ったとしても、お互いの間に信頼関係があり、「思いやり」のようなプラスの〈感情〉から出た言葉であることまで伝われば、相手のモチベーションは下がらない。

ただし、これには条件がある。部下が「上司はどんな〈感情〉を持っている人か」をしっかりわかっていることだ。状況によって、〈感情〉が大きく揺らいでしまうと、部下も混乱する。

「むしろ、自分が迷ったとき、困ったとき、失敗したときにこそ、〈感情〉は力を発揮します。核となる〈感情〉につねに立ち戻るようにすれば、部下との関係もうまくいくでしょう」

ともすれば〈感情〉は、ビジネスシーンにおいて「百害あって一利なし」と考えがちだ。

「じつは〈感情〉も重要な仕事の道具のひとつなのです」

手帳やビジネスソフトなど、道具の使い方を変えると、仕事のパフォーマンスがよくなった経験は誰にもあるだろう。

「〈感情〉を使いこなすことで、仕事もうまくいくはずですよ」

教えてくれた人

リーダーシップ・行動心理学研究者

池田貴将さん

profile

早稲田大学卒。株式会社オープンプラットフォーム代表取締役。大学在学中に渡米し、世界ナンバーワン・コーチと呼ばれるアンソニー・ロビンズ本人から指導を受け、そのノウハウを日本のビジネスシーンで活用しやすいものにアレンジ。企業リーダーや、ビジネス作家、コンサルタントなどを対象にしたセミナーを全国各地で行う。
http://www.ikedatakamasa.com

Takamasa Ikeda

上司は部下のモノサシである

部下にとって上司の〈感情〉は、仕事を進めていく際の「モノサシ」となる。
まずは自分の核となる〈感情〉を探ろう。もちろん、〈感情〉は変化することもある。
しかし、上司である自分の核となる〈感情〉を認識してもらえば、部下がとまどうことはない。

まず考えること

部下

上司
（自分）

自分をどう思うか

まずは「自分自身がどういう人間なのか」「どうありたいか」を考えていく。どうしてもわからなければ、自分の尊敬する人をお手本にしてもいい。

部下にとってどうありたいか

次に部下から見て自分が「どういう人間でありたいか」を考える。部下に嫌われないようにしようなどと考えず、純粋に自分の理想をイメージしよう。

部下をどう思うか

最後に「部下をどういう人間だと思うか」を考える。これまで部下が上げた実績、あるいは過去の失敗は関係ない。あくまで上司である自分にとっての理想像でいい。

池田さんの著書

心配するな。
（サンマーク出版）

心配しないで、人生にいい影響を与えながら生活していくための57のヒントが詰まった一冊。

動きたくて眠れなくなる。
（サンクチュアリ出版）

「感情」を精神論ではなく科学的にコントロールし、自分の望む結果を出すための方法を解説する。

部下との接し方を心得るための3つのポイント

79ページで自分の核となる〈感情〉がわかったら、以下の点に注意して部下との接し方を考えてみよう。

POINT 1 自分への質問を変える

上司の信頼に応えようとする
怒り BAD
なんでこの人は言われたことをすぐやらないんだろう?
GOOD 信頼
この人は何か理由があってすぐにやらないんだな
部下
上司（自分）
信頼してくれているからがんばろう!

「今日は何をする？」「どんな服を着る？」「何を食べる？」。このように、私たちの思考は「質問」をきっかけに始まる。一日のうちに何万回と自分に質問をし、答えを得て、いろいろなことを感じている。だから、自分がふだんどういう質問をしているかを自覚できれば、〈感情〉をコントロールできるようになる。

POINT 2 部下を「社会の宝物」だと考える

部下をどういう存在と思うべきか？　正解は「社会から預かっている宝物」だ。つまり、どんな部下も“才能のカタマリ”なのだ。誰もが何かしらの才能を持っている。したがって「実際どんな成果を上げたか（上げられるか）」をあらためて問い直す必要はないのだ。

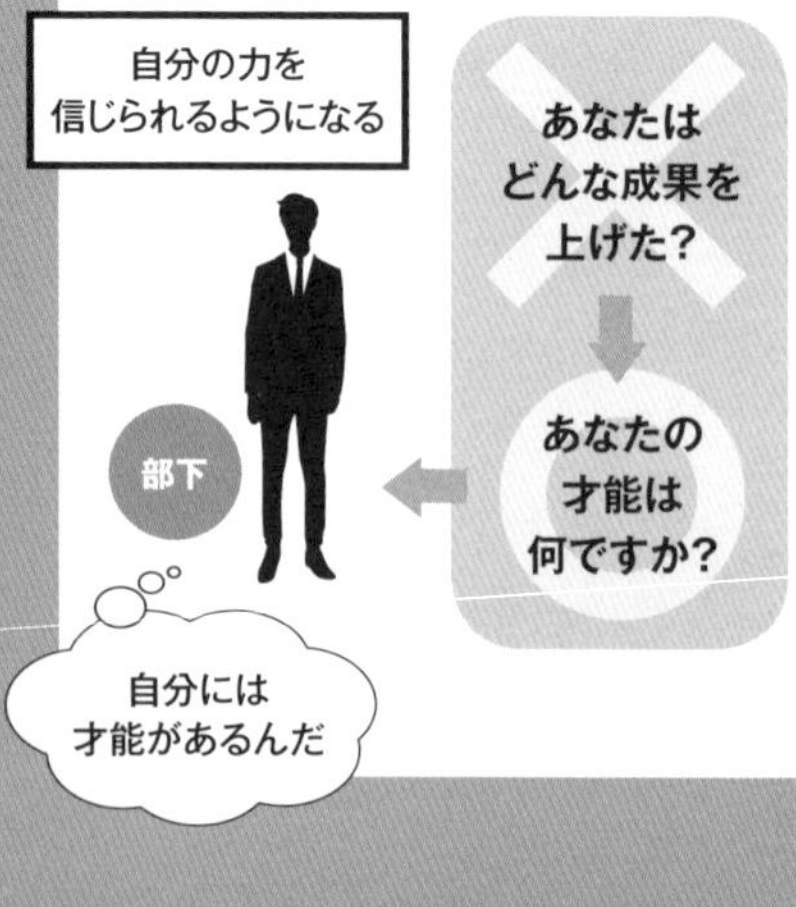
自分の力を信じられるようになる
あなたはどんな成果を上げた?
あなたの才能は何ですか?
部下
自分には才能があるんだ

POINT 3 「才能のストレッチ」を部下にさせる

部下が“才能のカタマリ”なら、どうやってその才能を活かしてもらうか。それは上司として「部下が101%の実力を発揮できる場」すなわち「本人にとってちょっとだけ苦しい場」を提供することだ。そのために、部下の才能をしっかり見きわめておこう。

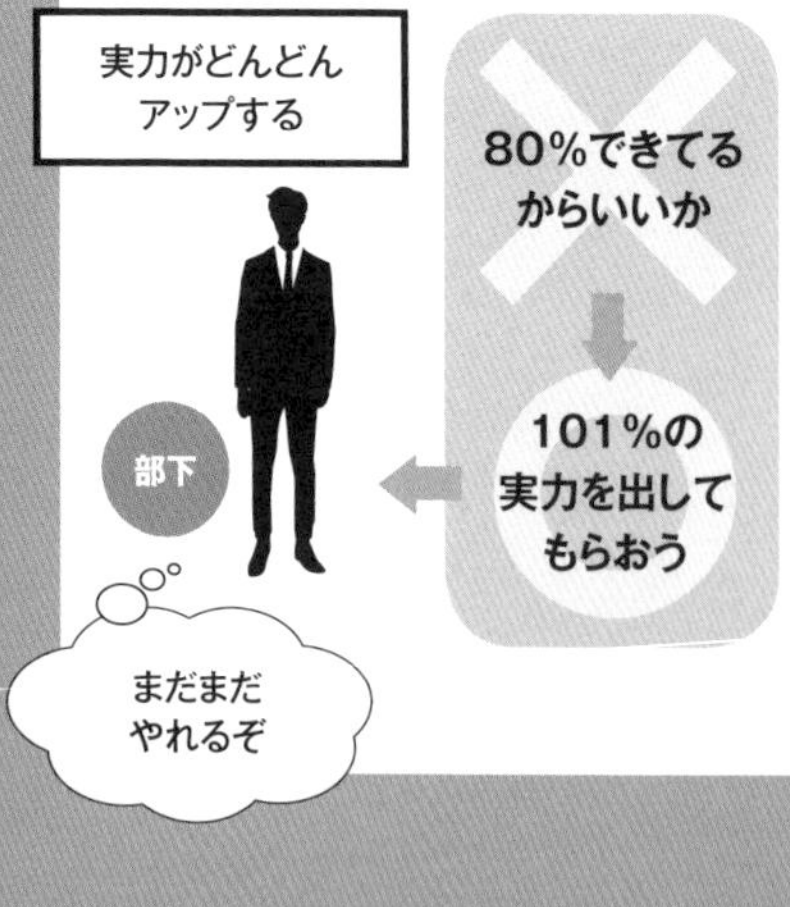
実力がどんどんアップする
80%できてるからいいか
101%の実力を出してもらおう
部下
まだまだやれるぞ

ほめる・叱るときにフォーカスする

感情のピラミッド

ほめるときと叱るときで視点を変える

部下をほめたり叱ったりするのは、上司である自分の思いをぶつけるためではない。部下に気持ちよく仕事をしてもらい、自分とよい関係を保つためだ。

「そのためには、『ほめるとき』と『叱るとき』とで、フォーカスする部分を変えることです」

フォーカスする部分を図にしたのが「感情のピラミッド」だ。

たとえば、ほめるときは、行動ではなく、その動機となる価値観に言及する。逆に叱るときは、行動やその人の置かれた環境について触れるようにする。

また、人は他人に言われた言葉によって自分を規定してしまう。たとえば、部下に向かって「いつも○○しているね」と言うのはNG。「いつも」の部分に過剰反応して、自分を「○○な人」と思ってしまうのだ。

「部下を『思いどおりにしたい』ではなく、『成長してほしい』と心から思うことです。そうすれば、誤った言葉をかけることはなくなるでしょう」

感情のピラミッドとは？

部下の感情には階層があり、上司にどこにフォーカスしてもらうかによって、与えられる影響の大きさが異なってくる。それを図示したのが下の「感情のピラミッド」だ。上司としてほめるときはレベル3～5、叱るときはレベル1～3に触れながら、言葉をかけるようにしよう。

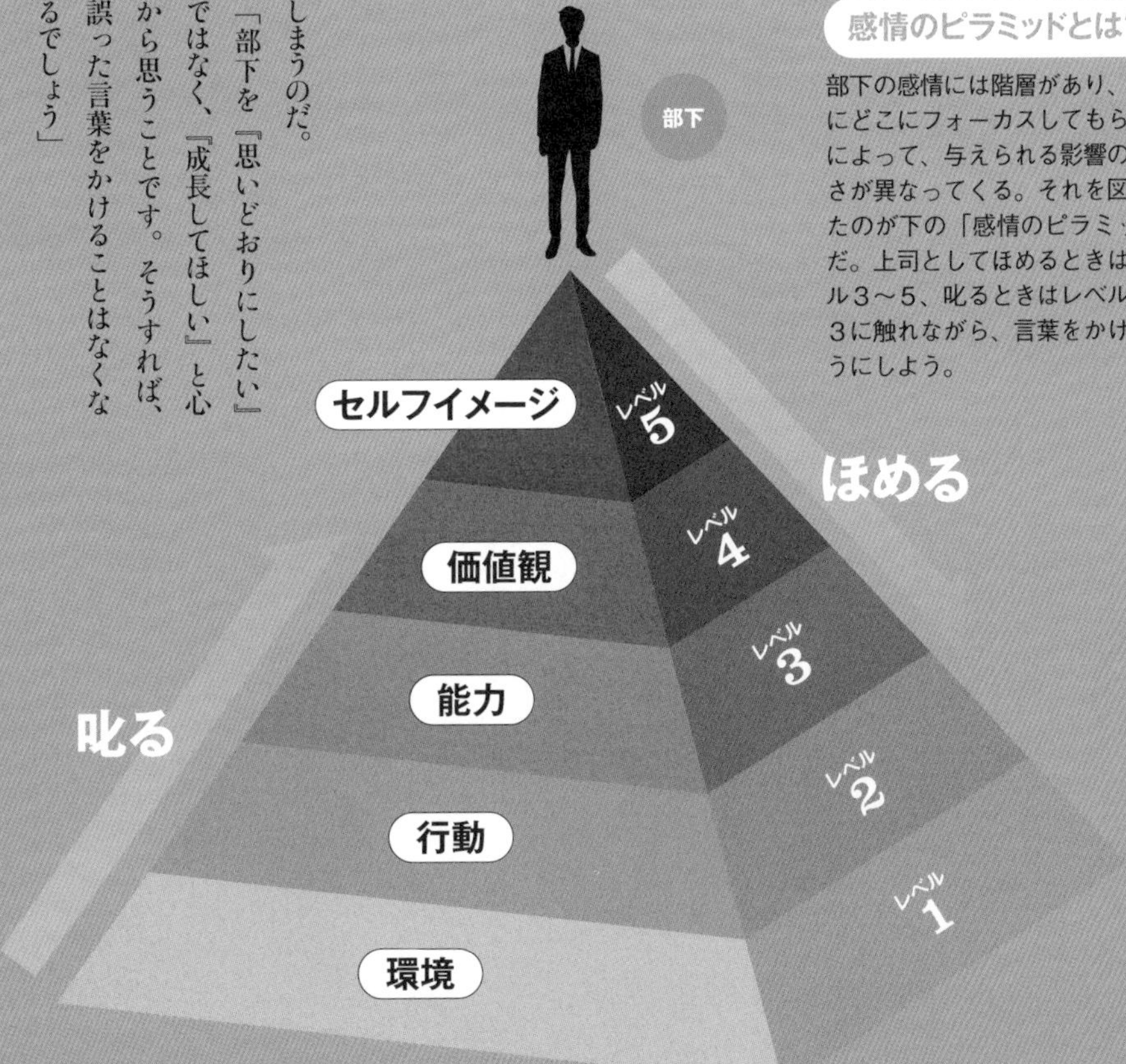
部下
セルフイメージ
レベル5
価値観
レベル4
能力
レベル3
行動
レベル2
環境
レベル1
ほめる
叱る

叱り方のコツ

ほめる

ほめるとは、部下の言動に対して「それが正しいと思う」と肯定することだ。
そのためには、「部下にどうあってほしいか」という理想像を持っておく必要がある。

ほめ方の実例

レベル5 「セルフイメージ」に着目する
「あなたは自分が慎重な性格だと知っているから成功したんですね」

レベル4 「価値観」を肯定する
「お客様のためだと思っていたから、契約がとれたんだよ」

レベル3 「能力」を評価する
「人を説得させる力を持っているからプレゼンは大盛況だったね」

感情のピラミッド レベル5、4、3を“ほめる”

部下が仕事で成功し、喜んでいたとする。そのうれしいという〈感情〉を、その人のセルフイメージや価値観、つまり「感情のピラミッド」の上のほうの項目と結びつけて言葉をかけるといい。運が良かったからでも、環境が整っていたからでもない。「あなたがすごいのだ」というようにほめると、部下のやる気も上がっていく。

プラス

部下をはげます アドバイス

「どうなればいいか」を逆算させる

仕事で何か問題が起こった場合、落ち込んだりイライラしたりする。そんな部下には、問題が解決された状態をまず考え、その状態が必要な理由、そのための課題、取り組む時期などを逆算させよう。

どうなればいい？ → そのためにどんな結果が必要？ → なぜその結果がほしい？ → その結果を出すのに必要なものは？ → それをいつやる？

部下のやる気を伸ばす アドバイス

ポジティブな法則を作ってあげる

自分に都合のいい出来事は「自分の能力や価値観のおかげ」と考え、都合の悪いものは「どういう行動をとればよかったか」と考えるようにアドバイスしよう。このようなポジティブな法則を、なるべく多く持ってもらうのだ。

都合のいい出来事は… → 自分自身

都合の悪い出来事は… → 行動

「感情のピラミッド」を使ったほめ方・

叱る

叱るというのは、部下の行動を「それは誤っている」と正しい方向に修正してあげることだ。ほめる場合と同様に、部下に対する自分の理想像が判断基準となる。

叱り方の実例

レベル1 「環境」のせいにする
「スケジュールが厳しかったから、間に合わなかったんだね。次からは段取りを工夫しよう」

レベル2 「行動」を批判する
「あの発言はまずかったですね。あとでフォローの電話をしましょう」

レベル3 「能力」に注目する
「ソフトの使い方に慣れていないね。もっと練習しよう」

感情のピラミッド レベル1、2、3を“叱る”

部下が仕事で失敗し落ち込んでいるときは、マイナスの〈感情〉を、「感情のピラミッド」の下のほうの項目と結びつけてあげよう。あくまでダメだったのは「そのときの行動」であって、「あなた自身」ではないことを伝える。自分の価値観やセルフイメージを否定されたわけではないから、気持ちを切り替えて仕事が続けられるはずだ。

プラス

感情別 部下の導き方

不安がっている	→ 未経験のことが起こるかもしれないから万全の準備をしよう。
傷ついている	→ なぜ失敗してしまったのか確認し、今後の行動に活かそう。
怒っている	→ 自分のルールをうまく相手に理解してもらえるよう努力しよう。
イライラしている	→ 望む結果が出ていないのだから、別のやり方を工夫してみよう。

部下を導くためのアドバイス

マイナスの感情を次の行動のきっかけにさせる

たとえば、イライラしている部下に「少し休んだら？」などというアドバイスをするのは、次の行動をやめてしまうのでNG。そうではなく、マイナスの〈感情〉を次の行動を起こすためのきっかけにしてあげるのだ。

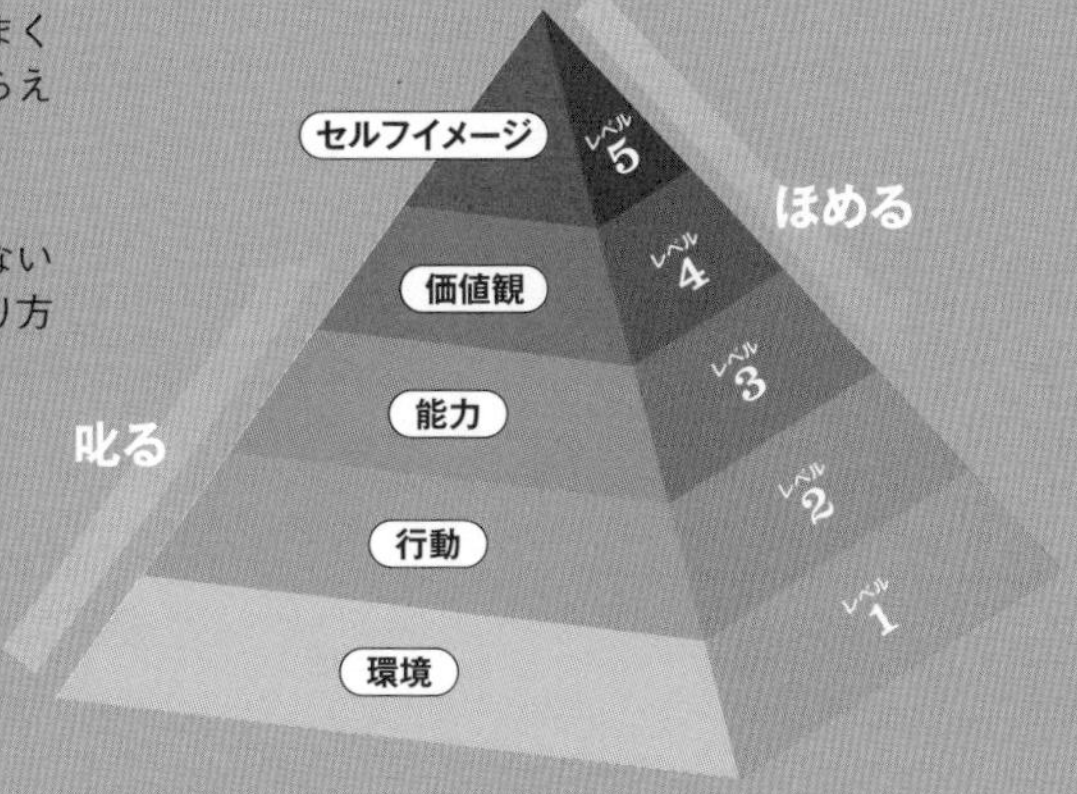
セルフイメージ
レベル5
ほめる
価値観
レベル4
能力
レベル3
叱る
行動
レベル2
環境
レベル1

部下 → 上司

忙しい上司とうまく付き合う7つのルール

rules

報告・相談

**できる上司ほど時間がないので報告&相談は
スムーズに行いたいところ。
すぐに実行できる７つのルールをまとめて紹介する。**

上司の隙間時間を狙って わかりやすく説明する

忙しい上司はいつもたくさんの案件を抱えているため、部下の報告や相談をじっくり聞いている余裕がない。上司の時間をムダに費やさないように事前にしっかり案件を整理しておくのは、部下として当然の配慮だといえる。

「いつも、まとまりがなく、わかりにくい報告・相談しかしてこない部下に対して、上司が『時間を割きたくない』と考えるのは当然のこと。仕事においては、信頼してもらうことが何より大切です」と河野さんは言う。

いつも短時間で的確に報告・相談をするように心がければ、上司も「こいつの話なら聞いてみるか」という気持ちになるというわけだ。

では、上手に報告・相談をするためには何をどうすればいいのだろうか。

「特別な技術は必要ありません。上司の隙間時間を狙って、スムーズにわかりやすく説明すれば対応してくれるはずです」

まずは、河野さんが提案する7つのルールを実行しよう。報告・相談の仕方が一段階レベルアップするはずだ。

報告・相談をするとき 上司に遠慮する必要はない

「日本人特有の悪い意味での〝まじめさ〟は排除する必要がある」と河野さんは指摘する。まじめな人ほど忙しそうな上司に気兼ねして、話すタイミングを逃してしまうことがあるのだという。

「上司を敬う気持ちを持つことは悪いことではありません。ただ、敬う気持ちが遠慮に結び付き、結果的に機会を逃してしまうのは問題です」

上司に報告・相談が遅れたために、自分の仕事が進まないだけで

教えてくれた人

組織改革・リーダー論のプロ

河野英太郎さん

profile

岐阜県生まれ。東京大学文学部卒業。同水泳部主将。大手広告会社、外資系コンサルティング企業を経て、大手外資系ＩＴ企業日本法人のコンサルティングサービスをはじめとし、人材育成、組織行動改革などの業務を推進。

Eitaro Kono

はなく、チーム全体の業務が停滞してしまうことも考えられる。「仕事である以上、遠慮は無用です」と河野さん。むしろ「自分の話を聞いてもらうことほど大事な仕事はない」と考えてもかまわないそうだ。

「リーダーとしてチームを率いる以上、たとえグチであろうと個人的な悩みであろうと関係ありません。仕事の進行に支障をきたす可能性があれば、部下の話を聞くべきだと思います」

河野さんは「リーダーは役割にすぎない」と断言する。つまり、どんなに忙しくても、部下の報告・相談を聞くのは上司の役割。たとえ相手がエグゼクティブであっても遠慮する必要はないというわけだ。

報告・相談は細心の注意を払いつつも大胆に。「報連相」と呼ばれるほど基礎的なスキルだが、きちんとこなせる人は意外に少ない。

「当たり前のことを当たり前にこなすことで、上司と部下の信頼関係は深まります」

ここに注目!

大まかなことから順に話せば理解してもらいやすくなる

報告も相談もわかりやすさが何よりも大切。この「わかりやすさ」は左のように、「全体像→要点→詳細」という流れをたどることで確保できる。「それって何の話?」と聞かれないためにも、この順番を守ろう。

森
話の全体像

木
話の要点

枝
詳細な説明

河野さんの著書

99%の人がしていない たった1%のリーダーのコツ
(ディスカヴァー・トゥエンティワン)

リーダーを「ただの役割」と考え、部下の信頼を得るためのコツを紹介した本。リーダーとしての心がまえや考え方、成功するためのヒントなどがぎっしり詰まっている。

99%の人がしていない たった1%の仕事のコツ
(ディスカヴァー・トゥエンティワン)

当たり前のことで些細なことながら、じつは意外に実行している人が少ないと思われる仕事のコツを、わかりやすく丁寧に紹介。実践的なメソッドを学べる。

RULE 1

つなぎの言葉を決めて説明する

報告や相談のとき、流れるように説明できれば、上司は不安な気持ちを感じなくてすむ。当たり前のことだが、事前に話を整理しておくことが大切。一度整理したら、頭の中で流れを確認し、「つなぎの言葉」を覚えよう。この接合部さえ押さえておけば、細かい表現をアドリブで変えても問題はない。

受け答え実例

上司に製品発表会のトラブルを報告する

自分　相手（上司）

（自分）○○部長、来週の製品発表会について
ひとつ、ご報告させてください。

開始のセリフ

（相手）どうした？

（自分）ご存じのように、発表会の当日は
商品サンプルの配布を予定していました。
ところが、昨日、サンプルに欠陥が見つかりました。
当日まで再生産が間に合いません。

（相手）そうか……それで、どうする？

（自分）そのあとすぐに、××課長にご相談させていただいた結果、
サンプルは後日郵送させていただくことにしました。

（相手）まぁ、そうだな。
それしか方法はないだろうな。いい判断だと思うよ。

（自分）恐れ入ります。ただ今、原因を調査中です。
詳しい事情がわかり次第、
また、改めてご報告させていただきます。

（相手）わかった。よろしく頼む。

つなぎの言葉だけ覚えて準備すればOK

つなぎの言葉
↓
ご存じのように～
↓
ところが～
↓
そのあとすぐに～
↓
ただ今～

報告・相談の一言一句をすべて覚えようとしてもうまくいかない。ところが、一度、頭の中で話の流れを整理し、「つなぎの言葉」だけピックアップしておけば、上司の前でもあせらずスムーズに話ができるようになる。

もし、頭の中だけで整理できないときは？

内容を箇条書きにしてつなぎの言葉をピックアップ

複雑なこと、要素がたくさん含まれた話は、いったん紙に書き出して整理しよう。箇条書きにすると不要な部分も明確になり、話す順番も把握できる。そして、箇条書きをつなぐ言葉を考え、それだけ覚えるようにする。

RULE 2

2分間で流れるように説明する

これは「エレベーターブリーフィング」と呼ばれる手法。上司の隙間時間を狙い、短時間で報告・相談を終える方法だ。相手が聞くだけでいいように、「主旨」「選択肢」などのテーマに沿ってあらかじめ案件を整理しておく。「どうしましょうか？」などと聞くと、短時間で終わらなくなるので注意しよう。

受け答え実例

発注先について上司に相談する

自分

相手（上司）

NG

（自分）ホームページ、リニューアルの見積もりが揃いました。どうしましょうか？

NGポイント
「どうしましょうか？」と聞いてしまうと、上司は詳細を質問するしかなくなる。

（相手）いちばん安かったのは？

（自分）A社ですね。

（相手）じゃあ、A社で決まりかな？

（自分）いいえ、確かに安いことは安いのですが、A社ははじめての取り引きなので多少の不安が残ります。今回のリニューアルは大がかりなので、できれば技術力のある会社にお願いしたいと思います。

NGポイント
選択の過程をいちいち説明する必要があるため、そのぶん上司の時間がムダになる。

（相手）技術力が高いのはどこ？

（自分）C社も安定していますが、どちらかと言うとB社のほうです。

（相手）それなら、B社にするか？

（自分）わかりました。では、B社に発注します。

↓

OK

（自分）ホームページ、リニューアルの見積もりが揃いました。ご相談させてください。 ――主旨を伝える

（相手）どうなった？

（自分）もっとも安いのはA社、次いでB社、C社の順でした。 ――選択肢を伝える
ただし、A社とB社の差はごくわずかです。
技術力があるのはB社なので、今回はB社に ――判断のポイントを伝える
お願いしようと思っています。よろしいでしょうか？ ――結論を伝える

（相手）そうか、わかった。じゃあ、B社に発注してくれ。

（自分）わかりました。それでは本日中にメールでB社に発注します。 ――内容とアクションの確認をする

RULE 3 「3分ください」で切り込む

「今よろしいですか？」とはじめに聞くのは礼儀だが、返ってくる言葉はたいてい「あとにして」。「お時間をいただきたいのですが」と丁寧に聞くと、「時間がかかりそうだ」と判断される。そこで、どんな場合も「3分ください」と切り込もう。上司は「3分ならいいか」という気持ちになるはずだ。

受け答え実例

見積もりについて上司に相談する

自分
相手（上司）

NG

「○○部長、ご相談があります。お時間をいただきたいのですが……」

「悪いけど、今とりこんでるんだ。あとにしてくれるかな？」

「はい、わかりました」

翌日から部長は出張。相談の時間をもらえたのは1週間後だった。

OK

「○○部長、3分だけ時間をください！」

「あっ、そう3分ね。それで、どんな話？」

「じつは××の件です。見積もりでは……」【続く】。

RULE 4 プライミング効果を意識する

人は誰でも先入観があり、「自信がある」と前置きすれば肯定的な答えが返ってくる。逆に「自信がない」と前置きすれば、同じことを言っても否定的な答えが返ってくる。これを「プライミング効果」と呼ぶ。これは心理学用語で、先入観が結果を左右することを指す言葉だ。

自信のない前置き
すみません、まだ準備不足な部分があるのですが……。
ちゃんと準備してから見せてほしいんだけど。
自信のある前置き
けっこう、うまくまとまっていると思っています。
確かにわかりやすくまとまっているな。

RULE 5 言葉と情報レベルを揃える

上司が使う言葉をそのまま借りるだけで親密度は高まる。言葉を揃えることで共感の気持ちが生まれるからだ。また、情報の行き違いで誤解が生じないように、わかっているはずのことも概要だけ押さえ直そう。このように言葉と情報レベルを調整すれば、報告・連絡もうまくいく。

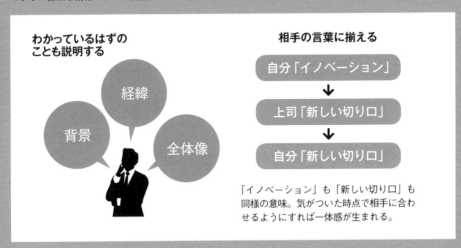

わかっているはずのことも説明する

経緯
背景
全体像

相手の言葉に揃える

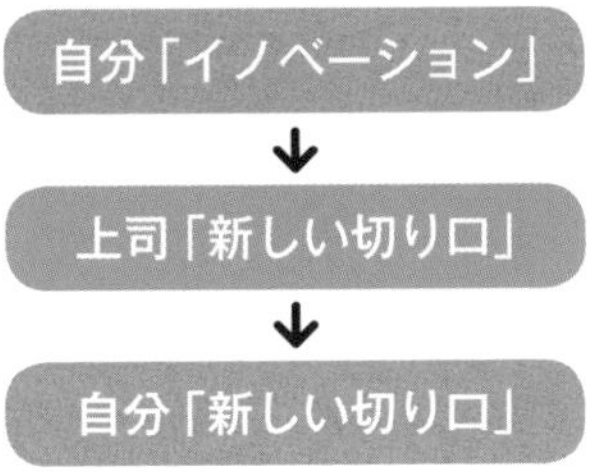
自分「イノベーション」
上司「新しい切り口」
自分「新しい切り口」

「イノベーション」も「新しい切り口」も同様の意味。気がついた時点で相手に合わせるようにすれば一体感が生まれる。

RULE 6 優先順位を決めてしぼり込む

忙しい上司に報告・相談するときは案件をしぼろう。通常は２つ、多くても３つまで。口頭でそれ以上欲張っても、上司の記憶には残らない。除外した案件は、電話やメールに振り分けよう。案件を絞り込むときに「重要度」と「緊急度」のマトリクスを作れば、判断しやすくなる。

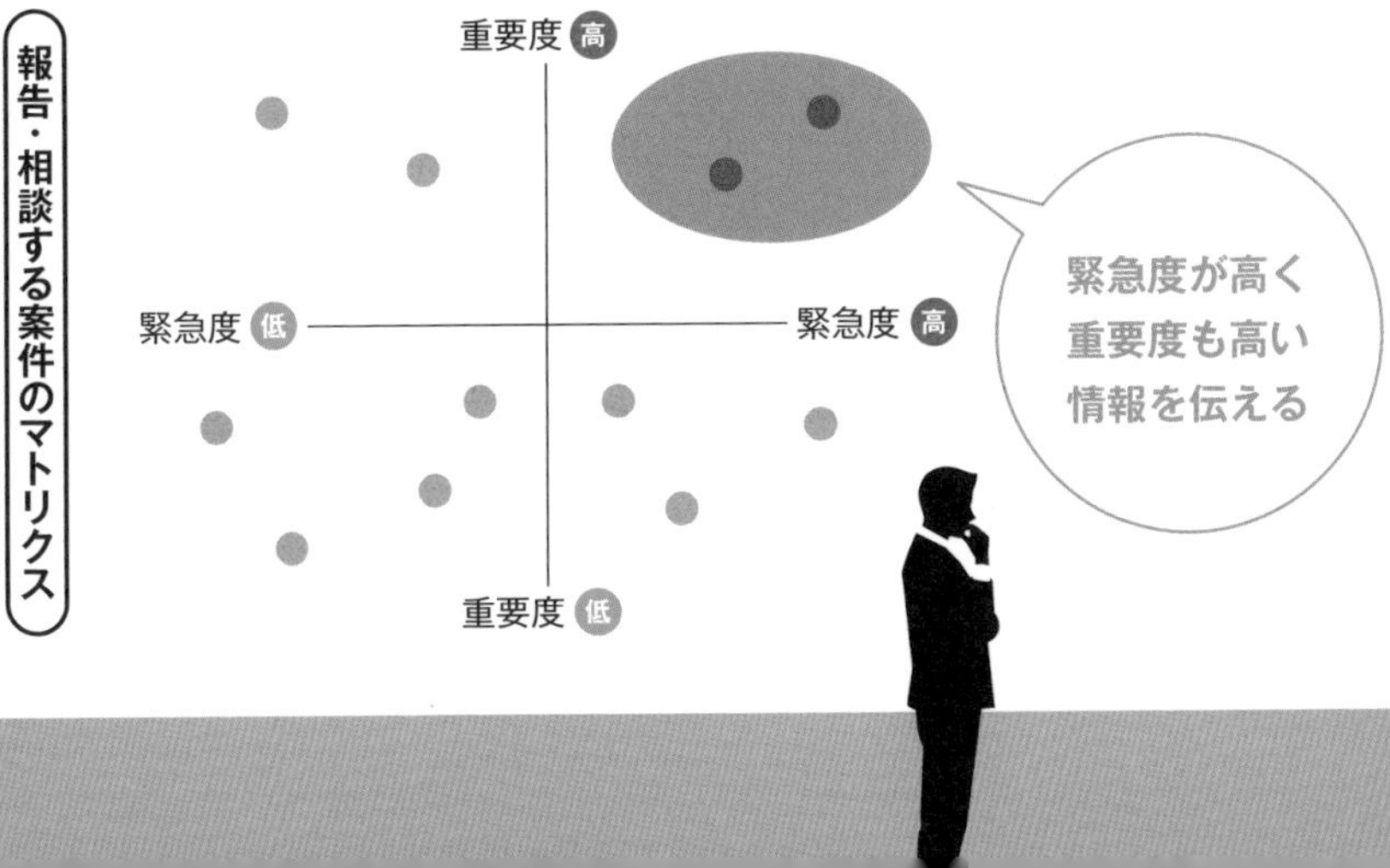
報告・相談する案件のマトリクス
重要度 高
緊急度 低
緊急度 高
重要度 低
緊急度が高く
重要度も高い
情報を伝える

RULE 7 聞かれたことに正確に答える

「上司が求めている答え」をはじめに的確に返すことを意識しよう。言い訳、弁解、事情説明は必ずあと回しにすること。忙しい上司に対して答えをはぐらかすような返事をすると、信頼を失ってしまう。「聞かれたことに答えてから補足する」という手順を忘れないようにしよう。

COLUMN

メンター（師匠）をたくさん持てば仕事の原動力になる

「メンター」とは師匠のこと。現在の生活環境において直接、利害関係のない先輩、元上司、恩師、他社のエグゼクティブなどがメンターの候補だ。仕事の悩みや課題をメンターに相談すれば、冷静で適切な答えを返してくれるはずだ。

メンターの条件は「自分が尊敬できる人」。目上の人は相談を受けるとうれしいもので、真剣に悩んでいるときは「力になりたい」と思ってくれる。また、メンターは悩みを解決するだけではなく、交友関係を広げるときも大きな力になってくれる。「目上の人＝直属の上司」になってしまうと、世界が狭くなってしまう。社内の人間関係にとらわれず、ときには、メンターに会って気分を変えることも大切だ。

メンター候補

社内

- 以前、同じチームに所属していた上司
- 他部署の同輩・先輩・上司
- 面識のある役職者（取締役、社長など）

社外

- 以前、勤めていた会社の上司
- 仕事で知り合った他社の人
- 学生時代の恩師
- 学生時代の先輩
- 同じ趣味を持つ年上の人
- 親戚などの血縁関係

メンターで広がる人間関係

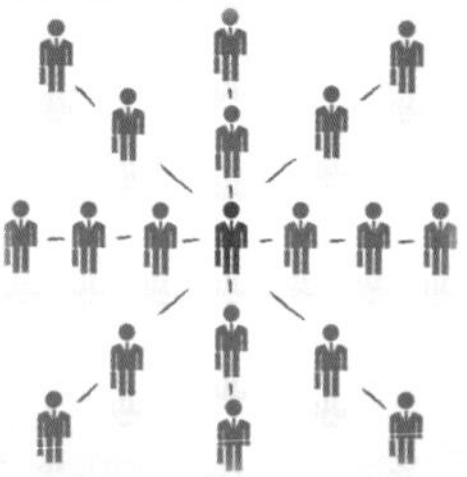

自分と「メンター」は基本的に1対1の関係だが、メンターの背後には（未知数の）豊かな人脈が広がっている。自分にとって大きな財産になると考えよう。

▶10倍成果が上がる！　話し方の極意

プレゼン編

美崎栄一郎が教える

相手にしっかり伝わるプレゼン術

「プレゼンはどうも苦手だ」。そんな人でも、これを読めば、「伝わるプレゼン」ができるようになるはずだ。

入念な準備で相手を振り向かせる

ビジネスパーソンには、商談や企画提案、新製品発表、自社のアピールなど、さまざまなシーンでプレゼンの機会がある。

「プレゼンとは、聴衆が聞きたくて聞いているものではないことを理解しましょう」

会社員時代から、数多くのプレゼンをこなしてきた美崎さんはそう指摘する。

「自分に興味を持たない人が、こちらの味方になってくれること。それがプレゼンの本当の目的です」

自分の味方になってもらうためには、相手に信頼されなければいけない。信頼を勝ち取るためには、言うべきことを滞りなく伝えなければいけない。

「そのためには、事前の準備とセッティングを徹底するしか方法はありません」

進行を何度もシミュレーションし、機材のチェックも怠らない。万全の準備ができれば、本番で緊張することもなくなり、本来の力を発揮できる。

一方で、プレゼンだからといってあまり構えすぎてもいけないと美崎さんは話す。

「毎日のように行われる名刺交換だって、自分を売り込むための立派なプレゼンです。まずは、日々の名刺交換から意識して、相手の印象に残るようなやりかたをしてみましょう。大会場のプレゼンもその延長線上にあるのです」

プレゼンの目的

情報を伝える

そのテーマに関連するデータや現在の状況などについて要素を抽出。それをわかりやすく提示することで、相手に有益な情報を提供する。

相手を納得させる

集めた情報に対する自分（自社）の解釈や方針を説明する。新たな提案を行い、その必要性を相手に納得してもらうことで自社の利益につなげる。

教えてくれた人

商品開発・経営コンサルタント

美崎栄一郎さん

自身の豊富な成功体験をもとにビジネス書の執筆や講演も行う。ノート術の権威としても有名。著書『「結果を出す人」はノートに何を書いているのか』は大ベストセラーに。

Eiichiro Misaki

美崎さん直伝！

プレゼンを行うための基本

プレゼンの能力は、現代のビジネスパーソンに求められる重要なスキルのひとつ。
より説得力のあるプレゼンを行うために、まずは種類や流れなど基本をマスターしよう。

1 プレゼンの種類を知っておく

ひとくちにプレゼンといっても、その種類はさまざま。おもなものでは以下のような場面が考えられる。いずれも、まずは、「何を伝え、相手にどうしてもらいたいのか」というプレゼンの目的をしっかり意識したうえで、資料集めやスライド制作、本番の構成作りなどをしていこう。

（プレゼンの種類）

顧客の獲得
自社と取引した場合のメリットを提示し、新たな顧客になってもらえるように説得する。

企画の提案
新規事業など、新たに取り入れるべきアイデアを提案し、了解してもらうためのもの。

商品の提案
自社の製品やサービスを購入・導入してもらうために、その魅力やメリットをわかりやすく伝える。

自社のPR
強みを持つ分野や商品を紹介し、自社の魅力をアピールすることで、売り上げアップを図る。

成果発表
自社で行った研究、調査、取り組みについて、趣旨、実施内容、得られた成果を発表する。

2 プレゼンの基本的な進行を理解する

プレゼンは、簡単な自己紹介から始まり、本題、質疑応答の時間をはさんで、最後にあいさつで終えるのが一般的。頭の中でイメージするだけでなく、先輩や上司に聴衆役を頼んでリハーサルをし、問題点などを指摘してもらうとよいだろう。

（一般的なプレゼンの流れ）

1 あいさつ 自己紹介
まずは大きくはっきりとした声であいさつをする。この第一印象を大切にしたい。そのあと、所属部署や名前、自分に関する簡単なエピソードを話そう。時間は30秒が目安。

↓

2 本題
下を向かず、自信を持って、堂々と話をしよう。聞き手を飽きさせないような工夫も欠かせない(94ページからの「プレゼンを成功させる4つのポイント」も参照)。

↓

3 質疑応答
想定される質問に対してはあらかじめ回答を考えておこう。予想外の質問にも動揺しないこと。仮に否定的な意見があっても、謙虚に受け止め、感情的にならないようにしたい。

↓

4 締めくくりのあいさつ
締めくくりでインパクトを与えると、強い印象を植え付けられる。事前にひねりのあるフレーズやユーモアのある話を考えておき、聞き手の心に残るプレゼンにしよう。

4つのポイント

美崎さん直伝！

学ぼう。プレゼンに慣れていない人は、下の点に注意すればうまくいくはずだ。

POINT 1

コンセプトを決める

プレゼンの準備を始める際に、最初にやるべきなのが「コンセプト」を決めること。プレゼンの苦手な人はこの「コンセプト」をおろそかにしている場合が多いのだ。聞き手の心に残るプレゼンをするためには、下記の要素がとくに重要だ。

コンセプトを決める手順

1 目的をはっきりさせる

まずは目的や理由をしっかり決めておこう。「なぜプレゼンをするのか？」「商品のどこをアピールするのか？」「顧客に対して何を伝えたいのか？」など、プレゼンの骨格となる部分をはっきりさせよう。

たとえば……

- なぜプレゼンをするのか?
- アピールするポイントは?
- 何を伝えたいのか?

2 伝える相手を分析する

プレゼンの対象となる相手の年齢や業種、興味を持っていること、知りたいことなどを分析することで、どのようなプレゼンをするべきかが見えてくる。専門的な内容の場合は、相手の知識レベルをどこに設定するかも重要だ。

たとえば……

- 相手の年齢や業種
- 相手の知りたいこと
- 相手が興味を持つこと

3 最適な方法を考える

目的と対象がはっきりしたら、次に具体的なプレゼンの方法を考える。テーマを決めて、商品や企画をどのようにしてアピールするべきかを確定させる。また、テーマに沿ったデータを集めるために、調査・分析も行おう。

たとえば……

- プレゼンのテーマの決定
- テーマに沿った調査
- プレゼンのシナリオ作り

POINT 2

構成と展開をマスターする

構成要素として、「現状分析」「理由の説明」「具体例」「結論」を盛り込むのが基本。これらを入れることで、プレゼンの内容に説得力を持たせられる。また、構成方法にも工夫が必要。下の３つの例を参考に、提案内容や対象に応じて使い分けよう。

効率的な展開例

1 ホールパート法

複数の情報をまんべんなく伝え、関連するテーマでまとめる。構成がシンプルで、聞き手も理解しやすいのが特徴。

全体「本日は、弊社の新製品を3つご紹介したい思います」
↓
部分「1つめは……」「2つめは……」「3つめは……です」
↓
全体「この商品ラインナップで弊社は年末商戦に挑みます」

2 PREP（プレップ）法

結論を先に訴え、そのあとに理由や事例をあげる。提案を強く勧めたいとき、相手の考えを変えたいときに効果的。

結論「Aを商品ラインナップに加えたいのです」
↓
理由「なぜなら、Aのような商品は現在市場にないからです」
↓
事例「たとえばBという商品では○○が欠けています」
↓
結論「だから、Aのような商品が必要なのです」

3 時系列法

時系列に沿って順に説明していく。提案した理由と結論がきれいにまとまるので、聞き手の頭にも入りやすい。

過去「かつてAは人気がありませんでした」
↓
現在「その後、知名度を上げ、定番商品となりました」
↓
未来「Aに新要素を追加すれば、さらに人気が高まるでしょう」

プレゼンを成功させる

プレゼンの基本を理解したら、次にプレゼンの内容をより充実させるポイントを

POINT 4

相手を夢中にさせるテクニック

プレゼンに慣れてきたら、ワンランク上のテクニックも身につけたい。本題だけでなく、オープニングやクロージングに工夫をこらしてみる。また、話しながら聞き手の様子を観察し、話に興味を持っているかどうかで対応を変えることも覚えよう。

印象に残る「つかみ」と「まとめ」

◉ オープニング（つかみ）

オープニングは、自分のスイッチを入れる意味でも、元気な声であいさつをしよう。明るくハキハキと話をすれば、聞き手はそのあとの内容にもしっかり注目してくれる。

◉ クロージング（まとめ）

クロージングは、プレゼン全体の印象を左右するポイント。印象的なフレーズやユーモアのある話で終えると、インパクトが強くなり、聞き手の心にも残りやすくなる。

聞き手の興味・関心に合わせる

◉ 興味を持っている人

特徴
- ・発言者を見ている
- ・うなずいている
- ・笑顔で話を聞いている

対応　質問を投げかけるなど、味方につけることで、場を盛り上げる。

◉ 興味を持っていない人

特徴
- ・よそ見をしている
- ・ぼんやりしている
- ・時計を見ている
- ・落ち着かない

対応　その話題を早めに切り上げるなどして、変化をつけて、自分に注目させる。

POINT 3

説得力のある話し方を身につける

プレゼン中は、聞き手の目に自分がどう映っているかを意識しておきたい。段取りどおりに進めることに夢中になり、早口になったり下を向いて話したりしないよう注意。ボディーランゲージを使いながら、視覚に訴えかけることも効果的だ。

説得力をアップするコツ

専門用語は控えめに

専門用語や難しい言い回しは使わないこと。聞き手の反応が悪いときは、少しレベルを下げ、相手の理解できる言葉で説明しよう。

大きな声でゆっくりと

背中を丸め、小さい声で話すと、聞きとりにくく、自信がなさそうにも見える。背筋を伸ばし、声も大きくすれば説得力が増す。

目線は遠くに

聞き手の前列を見ていると、伏し目がちになってしまう。胸を張り遠くを見るようにすれば、堂々とした印象を与えられる。

ボディーランゲージを加える

「1番」と言って人さし指を立てるなど、内容を視覚に訴えることで、よりわかりやすくイメージを伝えることができる。

TEDスピーカー
小室流

人を動かし、結果を出す プレゼンの極意

自分の考えを提案し、相手を納得させる力は、ビジネスに欠かせないスキルだ。相手の心に刺さり、成果を生み出すプレゼン力を身につけて、ライバルに差をつけよう。

心を動かすプレゼンの3か条

1 **相手の課題に解決策を提示している**
2 **起承転結のロジックが成り立っている**
3 **伝え手の思いが入っている**

プレゼンは相手の抱える課題を解決すること

3000回以上のプレゼンを行い、TED×Tokyoにも登壇した小室さん。小室さんによれば、多くのビジネスパーソンのプレゼンは〝パワポマジック〟に陥っているそう。

「スライドの余白を埋めるだけのグラフや言葉を並べた段階で資料が8割できたと錯覚し、ロジックが未完成で当日を迎えてしまう。これでは、相手を説得することは不可能です」

そもそもプレゼンの定義は「相手の抱える課題を解決すること」。決して自分の商品やサービスを売ることではない。しかし、多くの人は意識を自分に向けてしまい、相手が見えていないのだ。

「その原因は、クライアントへのヒアリング不足です。売りたい商品があるなら、それをどう相手

小室さんの著書

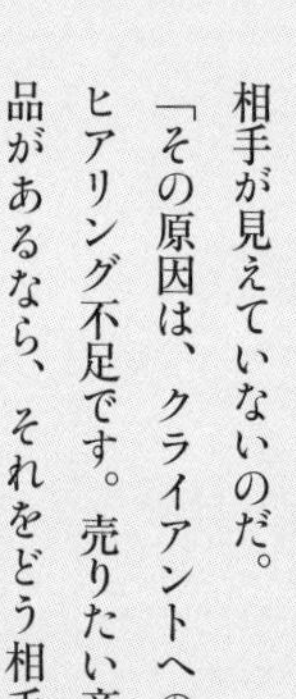

小室淑恵の
チームを動かす! リーダー術
(Gakken)

リーダーがメンバーの心をつかんでチームの力を最大限に発揮し、結果を出せるコミュニケーションスキルを紹介。

教えてくれた人

小室淑恵さん

株式会社ワーク・ライフバランス代表取締役社長。日経ウーマン・オブ・ザ・イヤー2004受賞。2012年にTED × Tokyoに登壇。生産性の高い組織を作るワーク・ライフバランスコンサルティングを提供。延べ800社を超える組織を支援。

Yoshie Komuro

のニーズと照らし合わせるかが大切。相手の気づいてない課題を発見するためにも、ヒアリングは最低2回は行うべきです」

ヒアリングは「〇〇がうまくいっていないですよね？」と否定形で質問するのではなく、「御社は〇〇に力を入れているので、すでにうまくいっているのでは？」と、肯定的に質問するとよい。すると「いやいや、ここがまだまだで」と相手が課題を話し出すからだ。

「スライドに文字2行だけなど、ストーリータイプも有効ですが、ビジネスのプレゼンは相手の課題を解決するためのもの。細かなデータも必要になります」

実際に、相手の課題を解決するプレゼン資料作成のコツや、プレゼンを成功に導くスケジュールの立て方（98ページ）、リハーサルの方法（100ページ）を紹介する。

小室さん直伝！

成功を引き寄せるプレゼン資料

「起承転結」の流れに沿って、論理的なプレゼンを組み立てる。

1 まずは相手の課題を分析することから始めよう

課題
相手の抱える課題を、文章で簡潔に書き出す
例　出産や育児で女性社員が辞めてしまい、女性の管理職がいない。

→ **解決策の提案**
課題を解決するための提案を考える。複数でも可。
例　復帰支援プログラムの導入

→ **未来**
課題が解決された状態を明確にしておく
例　女性社員が出産・育児を経ても活躍できる。人材採用にも有利になる。

2 課題が見えたら、プレゼン資料に「起承転結」で落とし込む

起　相手と課題を共有する

相手の課題に関する情報を提示し、問題点を明らかにしよう。ストレートに課題を指摘すると、相手の反発を招いてしまう。「こういう課題があると、おっしゃっていましたよね？」と、ヒアリング時に相手が話した悩みを切り口にするとよい。

例　女性の管理職がいない

承　課題の背景を説明する

「承」は、相手の抱える課題に対して解決プランを提示するもっとも重要なパートだ。「起」で提示した課題と解決策が、どう対応しているかが明確にわかるように書く。また、「売り込む」のではなく「あなたの悩みの解決策」として表現する。

例　出産や育児と両立できる環境がなく、女性社員が辞めてしまう

転　課題の解決策を提示する

提案する内容ついて、他社の導入事例や費用対効果を説明する。表やグラフを活用し、具体的な数値を使って表現しよう。自社サービスの競合比較も取り入れ、不利な情報を押さえつつも、それを上回る効果を説明できれば相手の納得度が増す。

例　復帰支援プログラムの導入

結　課題解決後の未来を示す

「結」の目的は、相手にサービスや商品の導入を決断してもらうことだ。提案のまとめの意味も込め、「課題→解決→未来」を図示して、取り組み後の姿を見せよう。「身近なWIN」と「長期的なWIN」の2段階で見せるとより効果的。

例　ロールモデルとなる女性管理職が増え、人材採用にも有利に働く

スケジュールを立てる

プレゼン当日まで資料作成に明け暮れ、ぶっつけ本番で撃沈……
という経験はないだろうか？ 本番を成功に導くには、
タイムマネジメントの意識が欠かせない。

スケジュール例〈1か月の場合〉

スライドをいきなり作りこまない。あとから修正しやすいよう、キーとなるスライドと原稿から作る。

ヒアリングは2回行うのが基本。相手の課題をつかみ、分析する。

月	火	水	木	金	土	日
1	2	3	4	5	6	7
ヒアリング1 リハーサルのアポ取り	データ・材料集め	ヒアリング2 データ・材料集め	データ・材料集め	原稿&コアスライド作成 データ・材料集め		
8	9	10	11	12	13	14
シナリオ＋スライド作成 データ・材料集め	シナリオ＋スライド作成 データ・材料集め	シナリオ＋スライド作成	シナリオ＋スライド作成	シナリオ＋スライド作成 リハーサル1		
15	16	17	18	19	20	21
資料修正		リハーサル2	資料修正			
22	23	24	25	26	27	28
	リハーサル3	資料修正		資料最終調整 先方へ資料送付		
29	30					
	プレゼン本番					

上司やプレゼン相手に近い人の前で、少なくとも3回行う。フィードバックをもらって、ブラッシュアップさせる。

土日は原則休む。

リハーサルのコツは 100ページ

プレゼンに向けて、大半の人は資料作成に多くの時間を費やしてしまう。しかし、提案を実現させるには、相手へのヒアリングや資料をブラッシュアップするためのリハーサルの時間が必須。それらを見越して、資料作成の時間配分を行う。

本番から逆算して

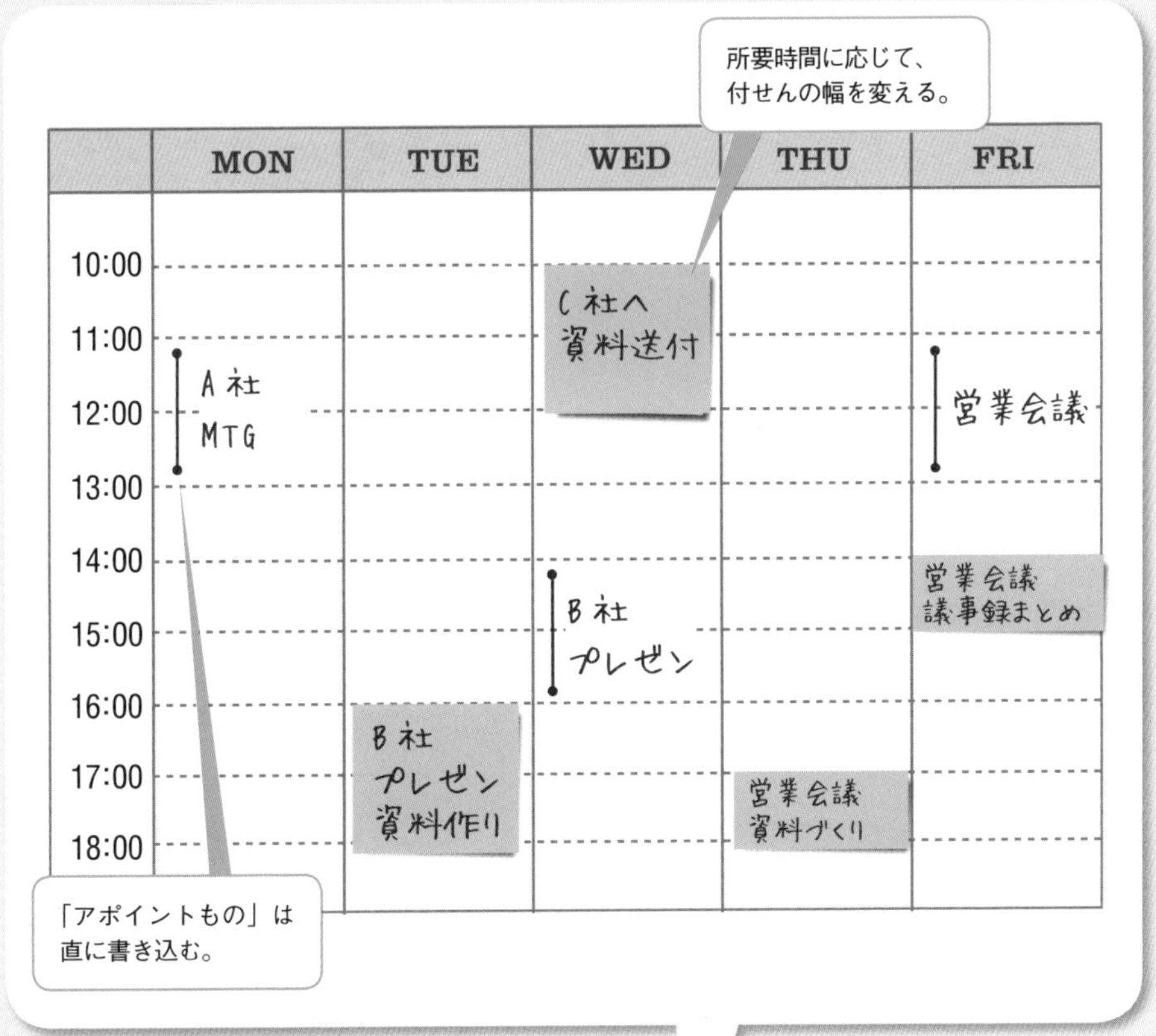
所要時間に応じて、
付せんの幅を変える。
MON
TUE
WED
THU
FRI
10:00
11:00
12:00
13:00
14:00
15:00
16:00
17:00
18:00
A社
MTG
C社へ
資料送付
営業会議
営業会議
議事録まとめ
B社
プレゼン
B社
プレゼン
資料作り
営業会議
資料づくり
「アポイントもの」は
直に書き込む。

タスクを付せんに書き出し、作業の所要時間に応じて付せんの幅を変え、手帳に貼り付ける。こうすることで、資料作成にあてられる時間が「見える化」される。作業の優先度に応じて、予定の変更も必要だ。

 Illustration／陣条和榮（P99～101）

プレゼンのリハーサルを念入りに行う

本番までのスケジュールで、もっとも重要なのはリハーサルだ。練習を重ね、弱点をつぶして自信を持って臨もう。

1 リハーサルを録画し、自分の口癖を取り除く

人の口癖は聞いていて心地よいものではない。とくに、「まぁ」は生意気に聞こえてしまうこともあるのでNG。練習風景を録画し、自分では自覚していない口癖を認識して直すだけで、スムーズな話し方になる。スピーチ中に口癖が出そうになったら、黙って間を作るのがベター。

2 時間内で話し終えるように練習をする

プレゼン内容にもよるが、1スライド5分以内で説明を行う計算で予定を組もう。本番当日は予定が変わることも多いため、時間配分を変更できるよう準備しておくとよい。時間内で話し終えるには、重要度の低い内容を削ったり、練習を重ねて話し慣れたりすれば調整できる。

3 プレゼンの目的を再度考え、資料やデータを見直す

資料を作成していると、思いが強くなりすぎてスライドの枚数が多くなりがち。枚数が多くなるほど説明の時間が必要になるので、「相手の課題解決」という本来の目的に立ち返り、スライドは課題解決に一致するものを厳選。優先度の低い補足データをカットしていこう。

4 相手に興味を持たせる小ネタを準備しておく

冒頭で相手の心をつかまなければ、興味を持って聞いてくれない。最初の自己紹介では、テーマとリンクさせた話をもってくることが重要だ。また、プレゼン中は聞き手がだれてしまうため、要所に聞き手に関連したテーマの小ネタを挟み込んでメリハリをつける。

5 効果的なジェスチャーのテクニックを身につける

文字では表現しにくい概念や動きを訴えるには、ジェスチャーを使おう。「少しオーバーかな？」と思うくらい、大きめの動きを意識すると◎。オーケストラの“指揮者”をイメージし、資料のどこを話しているのか、聞き手に話を見失わせないようジェスチャーで誘導しよう。

正確な数字を聞き手に確実に伝えられるよう、数字は指を立てて示す。

聞き手のイメージを喚起し、より強く訴えたい箇所は手や体を動かし身振りで伝える。

どの説明をしているのか、スライドの該当部分は腕を伸ばしてしっかりと指す。

Column

プレゼン終了後のフォローが肝心!

プレゼンが終了したら「終わり」ではなく、むしろそこからがスタートだ。担当者をサポートし、提案実現というゴールに向けて進もう。もしプレゼンが不採用だったとしてもフォローは必須。クライアントと良好な関係を築いておけば、次の仕事につながる可能性も秘めているからだ。

クライアントの担当者と連絡をとる

担当者へのお礼のメールはマスト。良かった点、悪かった点についてフィードバックをもらい、次のプレゼンに活かそう。

採用されなくても「縁」を活かす

一度は自社に興味を持ってくれたのだから、ヒアリングで入手した情報はその後も活用しよう。後日、別の切り口から提案してもいい。

担当者を自分の「ファン」にする

プレゼン後も、相手に役立つ情報があれば積極的に提供しよう。ファンになってもらえば後日、別の相談が来ることも。

成長のチャンスを積極的につかむ

人のプレゼンにフィードバックするときは、「課題→解決→未来」の図が描けているかをチェック。自分のプレゼン力向上につなげよう。

一瞬でメッセージが伝わる図解のテクニック

持ち時間の限られたプレゼンでは、メッセージを短時間で伝える必要がある。図解を活用して、理解しやすくインパクトのあるスライドを作ろう。

CASE 1 計画概要の説明

→図で流れを明らかに

何らかの段取りを伝えたいという場合、作業手順を単に箇条書きにしていないだろうか。各ステップでの進捗が前後の作業に影響を与えるようなケースでは、→図で流れを明らかにしよう。

BAD

新作水着キャンペーン実施計画

- 市場調査（2Week）
  ターゲットのブランド認知度調査
- 計画作成（3Week）
  キャンペーンの目標設定
  広告媒体の選定
  広告クリエイティブの制作
- 実施（2Week）
  プロモーションサイトへの誘導

手順であることがわかりにくい
全体のスケジュールがつかめない
作業の前後への影響が把握できない

GOOD

新作水着キャンペーン実施計画

時間軸がわかる
実施計画の各ステップの作業期間を示すことで、全体のスケジュールがひと目でわかるようになる。

進行の順番がわかる
箇条書きは並列関係。これを→図で直列化することで、進行の順番と前後関係が明確になる。

2Week
市場調査
ターゲットのブランド認知度調査

3Week
計画作成
目標設定、媒体選定、制作

2Week
実施
プロモーションサイトへの誘導

1Week
目標の設定
集客目標を設定する

1Week
媒体の選定
ターゲットに合うサイトを選ぶ

1Week
制作期間
バナーおよびサイト制作

細かな工程がわかる
ステップに含まれる小項目を入れ子の→図にすると、具体的な作業内容をイメージできるようになる。

教えてくれた人

多部田憲彦さん

光ファイバーメーカーで図解と改善の方法を学ぶ。その後、日産自動車に勤務し、世界各国の社員との意思疎通に図解を活用。プライベートでも図解による問題解決方法を伝える勉強会を開催。

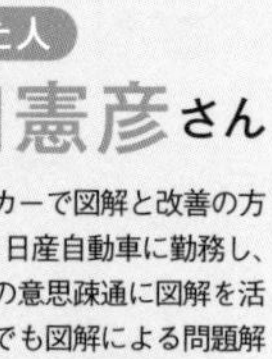

Norihiko Tabeta

CASE 2

競合との比較

＋図で位置取りを示す

複数の企業や製品を比べるときによく使われるのが比較表。だが、比較する項目が多いと、どこに注目すべきかわかりにくくなる。比較軸を絞って＋図にすれば、対象の位置や大きさが理解できる。

BAD

競合各社との比較と新製品の狙い

提案

↓

高級イメージを活かした
収益率の高い
新製品ラインの開発

	価格	機能	バリエーション
A 社	低価格帯に集中	最低限	中程度
B 社	ミドル～ハイエンド	中～多	豊富
当社	高い	中程度	少ない

文字を読まないと理解できない
各社の位置関係がイメージしにくい
論点がわかりにくい

GOOD

競合各社との比較と新製品の狙い

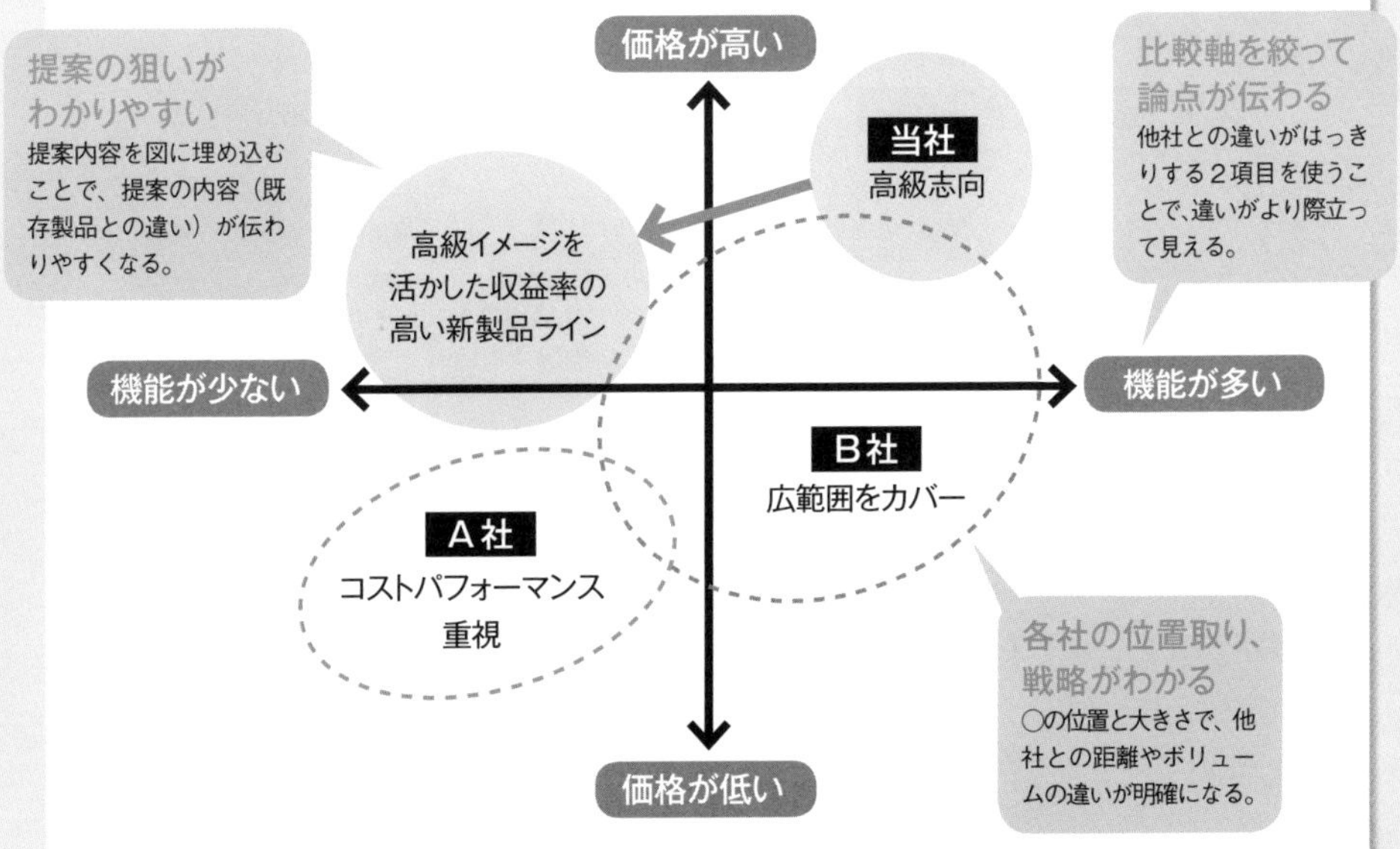

価格が高い
価格が低い
機能が少ない
機能が多い
当社
高級志向
高級イメージを活かした収益率の高い新製品ライン
B社
広範囲をカバー
A社
コストパフォーマンス重視
提案の狙いがわかりやすい
提案内容を図に埋め込むことで、提案の内容（既存製品との違い）が伝わりやすくなる。
比較軸を絞って論点が伝わる
他社との違いがはっきりする2項目を使うことで、違いがより際立って見える。
各社の位置取り、戦略がわかる
○の位置と大きさで、他社との距離やボリュームの違いが明確になる。

したい4つの基本図形

ここでは、基本となる4つの図形の使い方をチェックしよう。

○ マル で関係を視覚化する

項目のグループ化や項目間の距離、項目のボリューム感の違いなど、さまざまな項目間の関係を示す目的で使えるのが○図。項目間の共通点を洗い出すときは下のようなベン図を使用して、重なる部分に何が入るかを明確にする。アイデア出しにも使える図だ。

- ○の重なりで共通項を見つける
- ○の大きさで規模を表す
- ○と○の配置で距離の強弱を示す

市場のニーズを見つけ出す

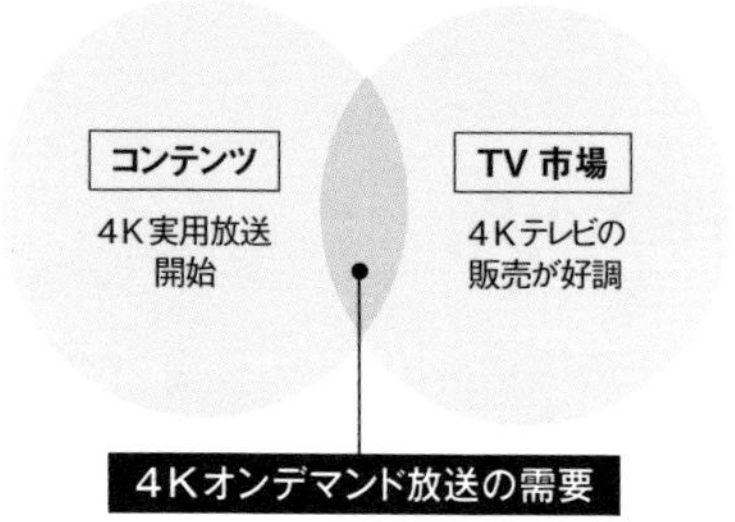

コンテンツ
4K実用放送開始
TV市場
4Kテレビの販売が好調
4Kオンデマンド放送の需要

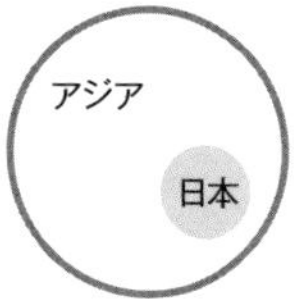

アジア
日本

どんな関係でも表せるのが○図。大小の○で包含関係を示すことも。

△ サンカク で考えを深める

ものごとの背後にある原因を探りながら体系的に深く掘り下げていくときに、使えるのがこの△図。「なぜ？」「なぜ？」と繰り返し問いかけることで、見えなかった本当の理由に到達できる。プレゼンでは、自分の主張を論理的に説明するのに使える。

- 論理的にメッセージを伝える
- 「なぜ?」を繰り返して原因を探る
- 「だから」を繰り返して対策を練る

契約条件の変更理由を探る

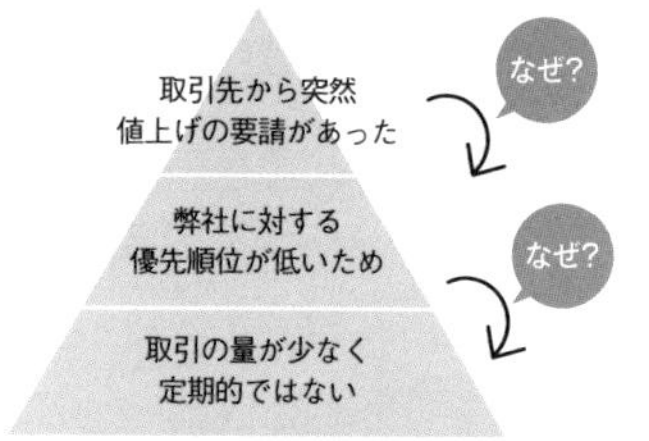

取引先から突然値上げの要請があった
なぜ?
弊社に対する優先順位が低いため
なぜ?
取引の量が少なく定期的ではない

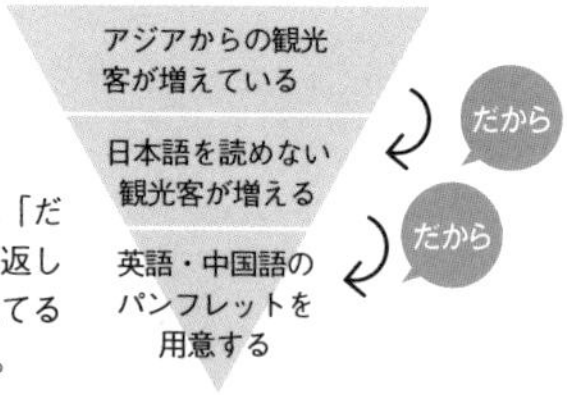

アジアからの観光客が増えている
だから
日本語を読めない観光客が増える
だから
英語・中国語のパンフレットを用意する

逆三角図では「だから」を繰り返して、対策を立てることができる。

図解が身につく4つの習慣

日ごろから図解をコミュニケーション手段として利用していれば、自ずとスライド作成も上達する。図解を身につけるコツを伝授しよう。

POINT 1

まずは手描きで

パソコンにいきなり向かっても良い図解はなかなかできないもの。手間を惜しまず、まずは、手描きで取り組んでみよう。

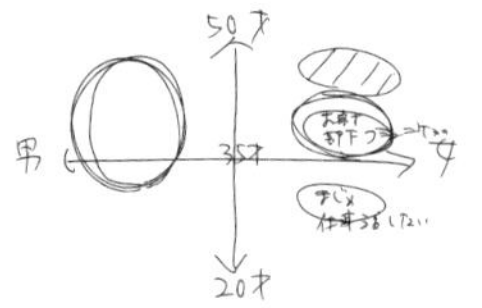

50才
男
35才
女
20才

会話中の図解では、1分間以内に描けることを重視しているという多部田さん。図解が上達するコツを盗もう！

スライド作成で活用

伝わるスライドを作るには、図解の基本パターンを押さえることが重要。

ヤジルシで流れと役割を示す

時間や手順の流れを整理するのに便利なのが→図。手順の前後関係を示すとともに、進捗の変化による影響範囲を明らかにすることができる。下図のように、役割分担と作業内容を→図で示すと、チーム全体の動きがメンバーに伝わりやすい。

- →の順番で手順を示す
- →の長さで期間を示す
- →を人と関連付けて役割を示す

企画提案書の作成手順

ブレスト
プランの
決定
データ収集
プランの
練り直し
企画書作成
プレゼン
資料作成

A
調達
B
加工
C
組立

担当者ごとに行を変えると、役割分担と流れを同時に示せる。

プラスで全体像をつかむ

＋図は、バラバラの要素を縦軸と横軸の図に当てはめて整理するときに使用する。このように分布図として理解すれば全体像がつかみやすくなる。＋図では比較軸が２つに限られているので、伝えたいメッセージに合わせて適切な反対語を２組用意することが重要だ。

- 項目の散らばりで全体像を示す
- 対象の位置づけを明確にする
- 空いている市場を見つける

アプローチする対象を明確にする

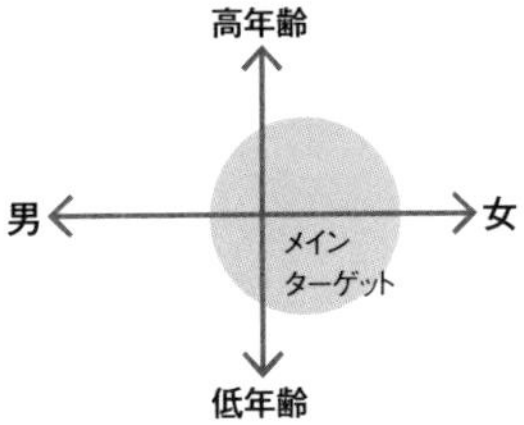

高年齢
男
女
メイン
ターゲット
低年齢

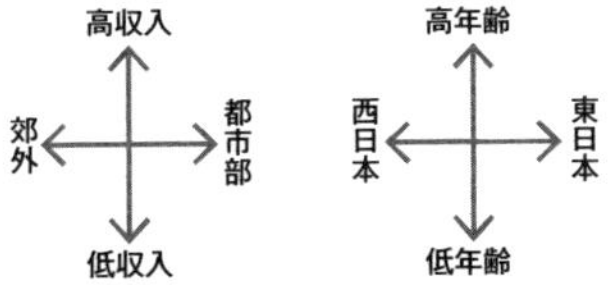

高収入
郊外
都市部
低収入
高年齢
西日本
東日本
低年齢

伝えたい内容に合わせて、最重要の２項目を軸にするのがポイント。

POINT 4

一日一図解

図解上達への道は、とにかくくり返し練習すること。仕事にかぎらず、日常の疑問や問題を図解するよう心がけよう。

POINT 3

人に見せる

描いた図が人に伝わりやすいかどうか。人に見せてフィードバックをもらい、より伝わりやすくなるよう推敲しよう。

POINT 2

文具を持ち歩く

アイデアが浮かんだときは、それをすぐに図にしてみよう。ノートや手帳、ペンを持ち歩けば、忘れる前に形にできる。

場数を踏んでもあがり症は治らない！
成功イメージを脳に上書きして克服する

プレゼンや会議、朝礼など、人前に立つと緊張と不安から声や手が震えてしまったり、顔が真っ赤になったり……。そんな「あがり症」を克服し、大勢の前で楽しく話せるようになる金光サリィさんのメソッドを伝授！

短期間で克服可能！あがり症は脳の使い方で改善

脳科学に基づいた「あがり症克服」のサポートを行う金光サリィさん。自身も極度のあがり症だったが、脳の使い方を工夫することで乗り越えられたという。

「一般的に、あがり症の改善は『場数を踏もう』と言われています。しかし、苦手意識を持っている人がプレゼンしてもうまくいかない可能性が高く、余計に悪いイメージが定着して苦手意識が高まるだけ。苦手意識をなくすには、人前に立って楽しくしゃべっている自分を絵に描き、それをプラスの感情と共に何度も脳に刷り込みます。事前に記憶をポジティブな状態にして本番に臨むことで、あがり症は克服できます」

克服には1回のトレーニングで乗り越えるという決意が肝心。ダラダラ続けるのではなく、10日から長くても1か月が目安だ。

「長年あがり症に苦しんできた受講生からは、『こんなに簡単なんだ！』と驚かれます。脳の仕組みを利用してセルフイメージを変える方法は、あがり症以外にも面接や商談などにも応用できます。ぜひ試してみてください」

教えてくれた人

金光サリィさん

ヴィゴラスマインド代表。メンタルコミュニケーショントレーナー。あがり症克服の専門家。極度のあがり症に苦しむが、脳科学・心理学に基づいた手法をもとにわずか10日間であがり症を克服。あがり症や緊張症の克服に関するプライベートサポートを手がける。

Sally Kanemitsu

金光さんの**著書**

人前で話すのがラクになる！
5つの魔法
（ダイヤモンド社）

脳科学などの知見を応用し、人前でラクに話せるようになる方法を解説。

金光さん直伝!

あがり症克服トレーニング方法

あがり症を乗り越えるには、“脳の使い方”に秘密があった。
自分のプレゼンに対するセルフイメージを書き換えよう。

克服のポイント

POINT 1 肯定的な言葉は就寝前後に

就寝前と起床直後は、脳がリラックスしている状態。そのタイミングで自分の理想像を言葉にすると、セルフイメージを書き換えやすい。

POINT 2 堂々としたポーズで

感情と態度はリンクしているため、堂々とした姿で臨むと気持ちも上向きに。プレゼン中に、胸を開き、真正面よりも少し上を見て、笑顔を作ろう。

POINT 3 内容はキーワードでまとめる

書いたメモを一言一句読むとつっかえやすくなりがち。キーワードだけを書き、そこから話を膨らまそう。入念な準備をしたときよりもスムーズに話せる。

準備

成功するイメージをもつ

あがり症の原因は、「失敗したらどうしよう」などのネガティブなイメージが関係している可能性が高い。それを払しょくするには、まずは自分が成功している姿を想像するなど、プラスのイメージをくり返し脳にインプットしよう。

プレゼン前

ドキドキは緊張にあらず

本番を前に心臓の鼓動が速くなるのを感じたら、それは「緊張」ではなく、「テンションが上がって来た!」と捉えよう。「体にエネルギーが充満してきた! プレゼンできることにワクワクしている!」と脳に指示を出し、プレゼンを楽しもう。

プレゼン後

全身で成功を喜ぶ

プレゼン終了後はうまくいったことに集中して全身で喜びを感じよう。些細なミスを反省していては、一向にプレゼンのネガティブイメージから抜け出せない。次回のプレゼンを想像して「楽しみ」と思えたら、もうあがり症を克服している。

Illustration／藤田マサトシ(P107〜108)

プレゼンがより楽しくなる！ 7つのテクニック

本番に備えて、聴衆を魅了する仕かけを忍ばせておこう。すべてを取り入れる必要はなく、7つのテクニックから自分が気に入ったものを試せばOK！

TECHNIC 1
始めの一歩は聴衆とは逆足で踏み出す

ステージの袖から姿を現す時は、聴衆側とは逆側の足から踏み出そう。たとえば、ステージ向かって右側から登場するなら右足が最初の一歩だ。体が聴衆側を向くことでオープンな印象になるため、聴衆がスピーカーに対して心を開きやすくなる。

TECHNIC 2
拍手を受け入れる

聴衆から拍手をもらったら、申し訳なさそうなジェスチャーをするのはご法度！ 謙遜している姿は「あなたの拍手は受け入れられない」という拒否の姿勢に深層心理に映ってしまう。胸を張って堂々とおじぎしながら、送られた拍手を受け入れよう。

TECHNIC 3
その場のリーダーは自分とアピール

人を魅了する講演は身ぶり手振りに注目しがちだが、みんなの見ているモノをあえて動かすことで、「その場のリーダーは私です」と暗に示せる。たとえば、演台上のマイクを左から右へ動かすだけでもいい。場を仕切ると、聴衆を盛り上げやすくなる。

TECHNIC 4
改めあいさつで呼吸を合わせる

最初のあいさつで「みなさん、こんにちは」といきなり言うよりも、「改めまして」などの一声を挟もう。自分の声の調子が図れるだけでなく、聴衆側もこれからあいさつだという心がまえができ、場の息が合うと、話も伝わりやすくなる。

TECHNIC 5
聴衆に質問を投げかける

聴衆にお題や質問を投げかけると、参加者が能動的にその場に参加している意識が高まり、有意義な時間を過ごしていると感じてもらいやすい。プレッシャーになりやすい聴衆の視線が参加者同士にそれるので、自分の気持ちが楽になる効果もある。

TECHNIC 6
堂々と落ち着いて体を動かす

堂々とした姿勢は相手によい印象を与えるテクニックのひとつだ。たとえば、視線を移す時は目だけを動かすのではなく、背中にハンガーが入っているかのように、両肩と頭を一緒に動かす。落ち着いた動作で、相手に安心感を与えられる。

TECHNIC 7
時間軸を意識してジェスチャーする

人の潜在意識は、左側を過去、右側を未来として認識する。それを応用し、「こうすれば業績が上がります」など、提案時に聴衆の目線に沿って左から右へ腕を動かすジェスチャーをしよう。無意識のうちに「そうなるんだ」と聞き手をリードできる。

▶10倍成果が上がる！　話し方の極意

ビジネス常識編

PART 1

まずは基本常識を再チェック

ふだん何気なくとっている行動は、もしかしたらマナー違反かも?
あらためて基本的なマナーをおさらいしよう。

案内テクニック

シチュエーションに応じたお客様の案内方法

通路 CACE 1

来客者は中央、自分は右斜め前で先導

通路では中央が上座となっているので、まずは来客者が中央を歩けるように誘導。自分は、相手から見て右斜め2・3歩ほど前で先導する。その際、後ろを気にせずにどんどん進んでしまっては、来客者もいい気分がしない。必ず歩調を合わせ、時折振り返って相手を気遣う姿勢を見せよう。

POINT
- 来客者は中央に誘導する
- 自分は右斜め前を少し離れて歩く
- 時折振り返り相手を気遣う

「お客様を気遣う心」が気持ちのいい案内につながる

どれだけ長年の経験があろうと、初めて他社を訪問するときは少なからず緊張するものだ。そこでぞんざいな扱いを受けてしまえば、その会社に対する印象は大きくダウンしてしまう。逆に、こちらが案内をする側に立ったとき、来客者に「気持ちいい対応だ」と思ってもらえれば、新たなビジネスチャンスをつかめる。

ここでは「通路」「階段」「エレベーター」という状況ごとに基本的なマナーを解説していく。それぞれの場面で、相手との適切な距離や位置関係などが細かく存在するが、案内の際にもっとも大事なことは、不慣れな場所に来ている相手を気遣う心。「場所はすぐおわかりになりましたか？」などと話しかけて、相手をリラックスさせることも大切だ。

CACE 2 階段

最近では階段でも先導が主流に

かつては、上り階段を案内する際「お客様を上から見下ろさないように」という意味で、相手の後ろを歩くのがマナーとされていた。だが最近では階段でも先導をするのが一般的。その際にはひと言「お先に失礼します」と声をかけること。また階段の上座は手すり側なので、そちらに誘導をしよう。

POINT

- 「お先に失礼します」と断りを入れる
- 後ろを気遣いつつ先導をしよう
- 来客者は手すり側へ

CACE 3 エレベーター

操作盤は必ず自分が操作を

エレベーターでの案内の基本は、必ず操作盤を自分で操作すること。その際背を向けたままでは、来客者も居心地が悪くなってしまう。つねに半身の状態をとり、簡単な会話をしながら、目的の階までの時間を過ごそう。複数人が乗った場合の上座・下座については115ページを参照。

POINT

- 来客者は奥へ誘導する
- 自分は操作盤の前へ
- 半身になり相手に背を向けない

 Illustration／内山弘隆（P110～116）

名刺交換マナー 名刺の受け取り方と渡し方

名刺交換は立場が下の人間から先に渡すのが基本

商談などで初めて顔を合わせる場合、まず最初に行われる名刺交換。何気なく日々くり返しているが、これにもさまざまな決まりがある。基本となるのは、「立場が下の人間から先に渡す」ということ。これは役職や年齢、仕事の受注側・発注側など多くの要素が関わることになる。さまざまなシチュエーションを踏まえ、ここでは基本的な一対一での交換手順を解説。

渡すとき STEP1

相手に見やすい向きを意識して

名刺はビジネスマンにとっての顔とも言えるもの。まずは折れや汚れのないきれいな名刺をつねに余分に持っておくことを心がけたい。渡すときは指で社名が隠れないよう注意しつつ、社名と名前を名乗りながら相手に渡そう。

受け取るとき STEP2

「頂戴いたします」の一言を加える

相手の名刺を丁寧に扱うことは、そのまま相手への敬意を表すことにつながる。受け取るときには必ず両手でしっかりと受け取り、なおかつ無言で受け取ったりはせずに「頂戴いたします」と、ひと言つけ加えれば相手からの印象もアップする。

頂戴いたします

受け取ったあと STEP3

読み方の確認をしよう

読みにくい名前の人に会った場合に、名前を聞くことは決して失礼なことではない。その場でしっかり確認しよう。また受け取ったあとはすぐに名刺入れにしまわず、テーブルの上に置き、商談の最中に確認できるようにしておくこと。

失礼ですが、お名前は
何とお読みすれば
よろしいでしょうか？

覚えておきたい

複数人数の交換ルール

右の図は仕事の受注側と発注側でそれぞれ2人ずつが名刺交換するケースを表している。この場合は個人の立場の上下ではなく、「仕事をいただいた」という意味で「受注側の会社全体が下の立場」という考え方になる。すると本来は受注側の部下がもっとも立場が下になるのだが、複数人の場合は会社というくくりで上下を考えるため、図のように受注側の上司から渡し始めるのが正しい。

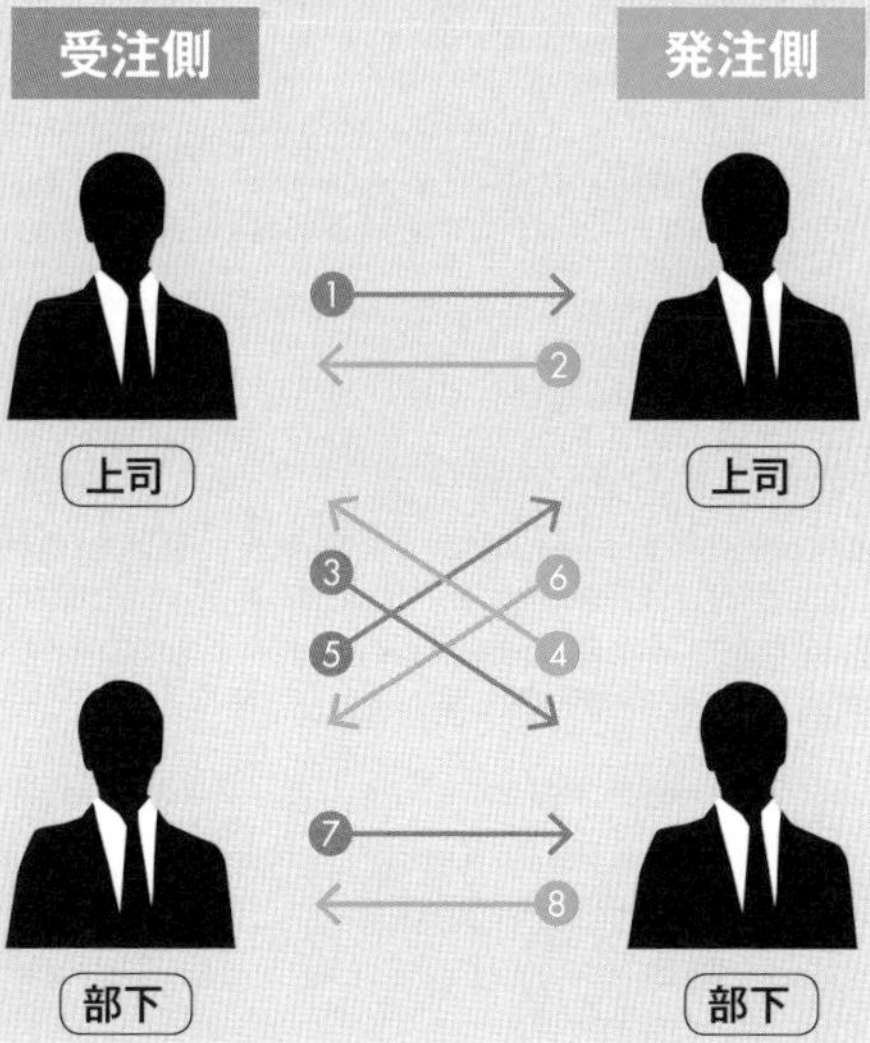

呼び方のルール

会社の内外、立場に応じた敬称を使おう

ふだんからしっかりとした呼び方を心がける

会社の中と外では人の呼び方も大きく変わる。その中でもとくに気をつけたいのが、社外での他社の役職者の呼び方。この場合に「佐藤部長様」というのは誤り。役職はそれ自体が敬称なので様をつけることはしない。もしも抵抗があるのなら「部長の佐藤様」などと言い換えよう。また社外では、上司や同僚に「さん」はつけないことも覚えておこう。

（場面ごとの呼び方）

関係／場面	同僚	自分の上司	他社の役職つき社員
自社内での会話	高橋さん	鈴木課長	海山商事の佐藤部長
他社の方との会話	弊社の高橋	課長の鈴木	佐藤部長

POINT

- 上司でも敬称はつけない
- 「様」をつけたいときは「部長の佐藤様」

上座・下座の順位

シチュエーション別の席次をチェック！

基本をしっかり知ったうえで、状況に応じて柔軟な対応を

上座・下座については、状況ごとに大きく変わる。ここではビジネスの現場で使えるシチュエーションを８つ紹介する。ただ、ここであげているのはあくまでも基本なので、席次に縛られてはいけない。とくに車や新幹線などでは上座をすすめつつも、さりげなく相手の意向をうかがい、快適に過ごしてもらえるような気遣いが重要になってくる。

タクシー CACE 2

上の人から先に乗せよう

タクシーでは運転席の後ろの席が上座になる。タクシーを止めてドアが開いたら、まず立場が上の人に乗っていただくように促そう。下座は助手席になるので、降車時には助手席の人がスマートに支払いを済ませる形が理想だ。

会議 CACE 1

議長を中心とした席次を

人数が多い会議では、議長からの距離で上座と下座が決まる。議長から見て右、左の順に座っていくのが正しい席次。議長から離れ、入口の方に向かうほど下座になる。図のようなコの字型以外のテーブルでもこの原則は変わらない。

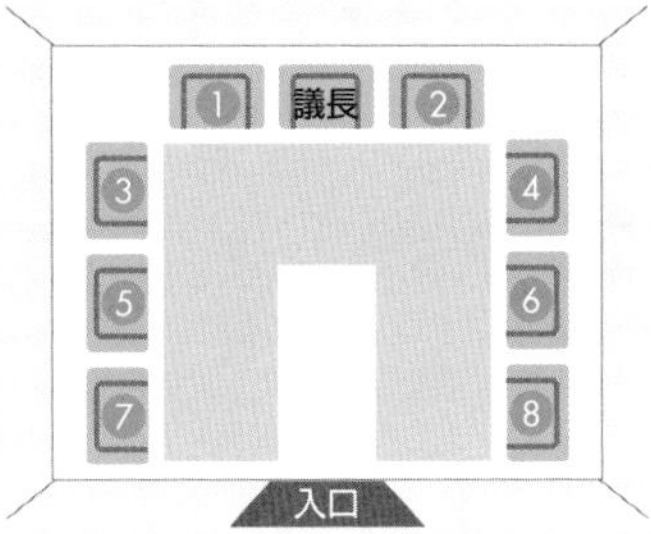

洋室 CACE 4

出入り口から一番遠い席が上座

レストランなどで個室を使う場合も入口から遠いところが上座。入口近くの席が下座だが、自分が座る場合は、ただ座るだけでなく、従業員とのやりとりをスムーズにこなし、上座の人に気持ち良く過ごしてもらおう。

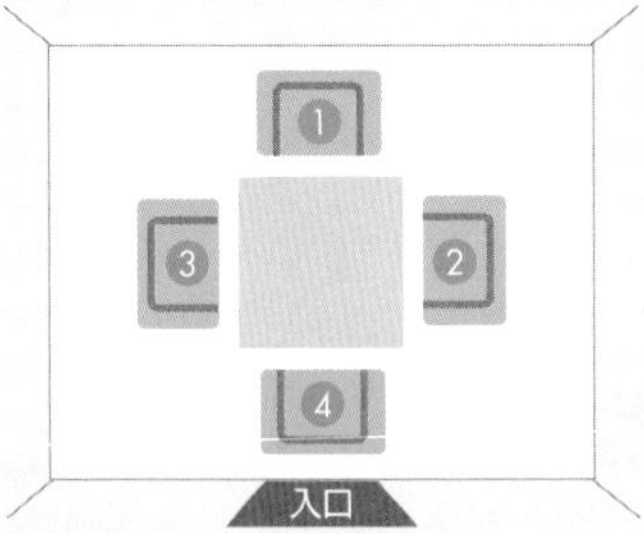

新幹線 CACE 3

窓側が上座だが臨機応変に

新幹線などでは窓側の席が上座となる。しかし、長い時間を過ごす新幹線では、相手の意向を尊重することが大切だ。まずは上の立場の人に上座である窓側をすすめつつ、さりげなく好みを聞いて、好きな席に座ってもらうのがベスト。

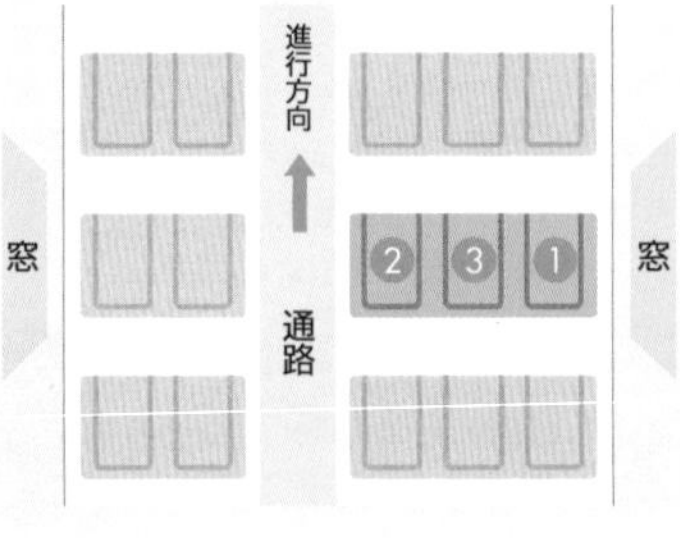

（図の見方）　❶❷………❼❽
上座　　下座

応接室　CACE 5

椅子の上座は長椅子

応接室では入口から遠いところが上座になるが、上座に置かれている椅子の種類にも注意しておきたい。来客者には長椅子（ソファ）に座っていただくことが正しいので、ふだんから上座の位置に長椅子が配置されているか確認しておこう。

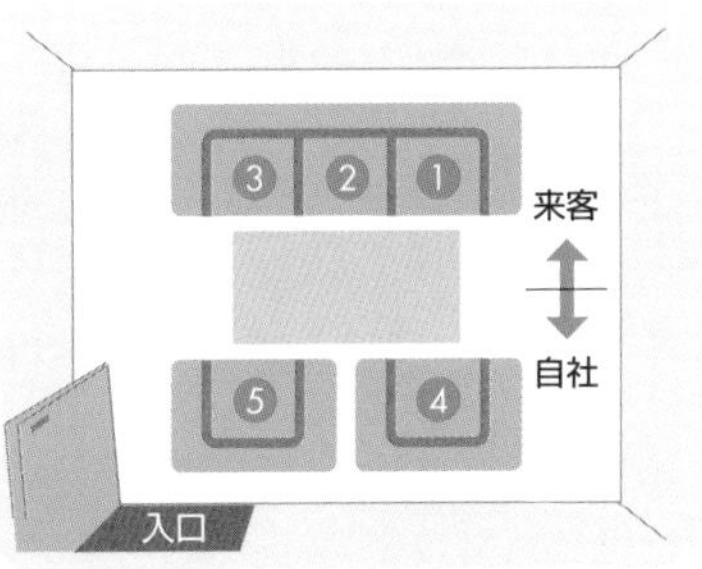

エレベーター　CACE 6

入口から向かって左奥が上座

エレベーターでは立場が下の人が操作盤を操作する。そのため、下図の操作盤が逆の位置であれば、❸と❹が入れ替わる。どちらの状況でも、上座は左奥。エレベーターに入る際は扉を押さえ、上座へ誘導しよう。

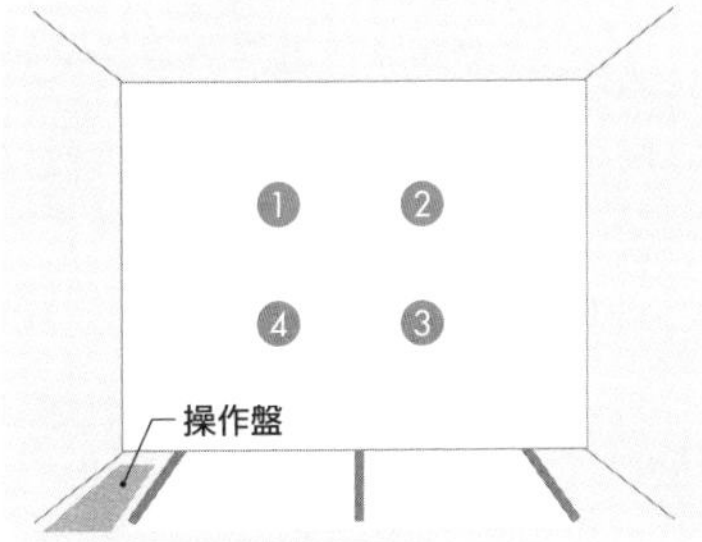

乗用車　CACE 7

ドライバーによって席次がガラリと変わる

お客や上司が運転する車に乗る場合は、タクシーとは席次が変わる。上の立場の人に「運転させている」という印象をなくすために、運転席の隣の助手席が上座に。これには運転者に敬意を払うという意味がある。

和室　CACE 8

床の間を背にした席へとご案内

和室は床の間にもっとも近い席が上座。和室でも床の間がない部屋の場合は洋室と同じように「入口から一番遠い席」が上座となる。部屋に入ったらまず、床の間の有無や場所をチェックして、上座と下座を確認しよう。

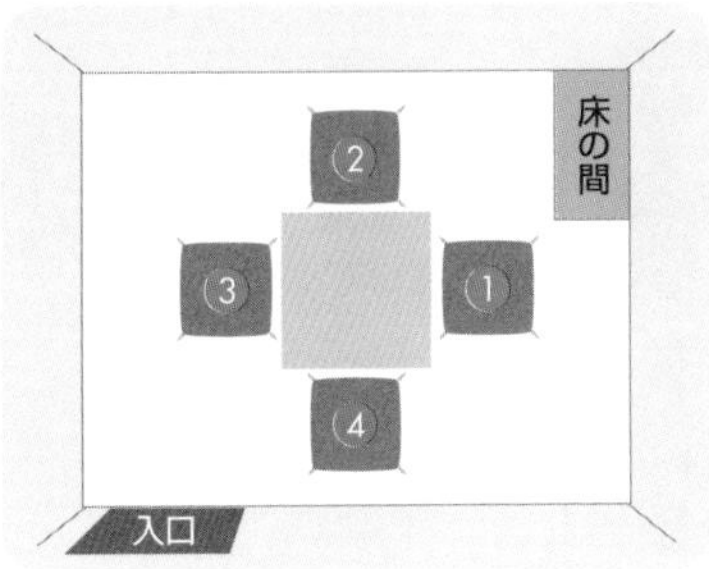

PART 2

敬語・言葉遣いのマナー

最低限知っておきたい

間違った敬語は相手に不快な思いをさせることもある。
正しい敬語を身につけて、会話を円滑に進めていこう。

伝達の5W3H

簡潔かつ明確に伝えるためのコツ

納品した商品にミスが発覚した

「昨日①、海山デパートに②私が③納品した5000部の④パンフレット⑤に表記ミスがありました。私の確認ミスが原因⑥です。申し訳ありません。上からシールを貼って訂正⑦するので、アルバイトさんの人件費を5万円⑧計上しなければなりません」

あいまいな表現は後々に大きなトラブルが!

ビジネスの現場ではあいまいな表現でお茶を濁すと、後々大きなトラブルへと発展してしまう。仕事の状況を伝えるときは、話の内容を簡潔にわかりやすく伝えることが重要。そこで頭に入れておきたいのが5W3H。ふだんからこれを守って人と話すことは難しいが、ここぞというときには5W3Hを書き出して、まとめるクセをつけておこう。

1. When（いつ）
2. Where（どこで）
3. Who（だれが）
4. How many（いくつ）
5. What（なにを）
6. Why（なぜ）
7. How（どのように）
8. How much（いくら）

POINT

- 余計な装飾は不要!
- 短い言葉で簡潔に

敬語3種の基本

尊敬・丁寧・謙譲のおさらいをしよう

日頃の心がけが正しい敬語につながる

敬語の使い分けは、そのまま相手との関係を表すことになる。まずは右の尊敬語・謙譲語・丁寧語の3種の違いを改めて確認しておきたい。このなかで基本となるのは丁寧語。立場の上下に関係なく物事を丁寧に表現する場合に用いられる。正しい敬語を身につけるためには、ふだんから同期に対しても丁寧語を使って、敬語表現を習慣づけたい。

尊敬語

「対象の人物」や「その人が行う行為」、または「対象の人物に関係のある人物」などに対して、尊重した表現をすることで、その人に対する敬意を直接的に表すことができる。

謙譲語

相手に敬意を表するために、自分や自分と関係のある物事をへりくだって表現することで、相対的に相手を高める表現として用いられる。自分を低める表現なので、相手に使うのは厳禁。

丁寧語

丁寧な表現をすることで相手への敬意や尊重を表すことができる。丁寧語は立場の上下は関係ないので、仕事では誰に対して使っても大丈夫。丁寧語は基本なので、まずはこれから覚えよう。

(敬語3種早見表)

	尊敬語	謙譲語	丁寧語
言う	おっしゃる	申す、申し上げる	言います
聞く	お聞きになる	伺う、拝聴する	聞きます
見る	ご覧になる	拝見する	見ます
読む	お読みになる	拝読する	読みます
知っている	ご存じだ	存じ上げる	知っています
わかる	おわかりになる	承知する	わかります
行く	いらっしゃる	参る、伺う	行きます
帰る	お帰りになる	失礼する	帰ります
受け取る	受領される	拝受する	受け取ります
食べる	召し上がる	いただく	食べます

敬語の使いこなし術　ビジネス会話に役立つテクニック集

より丁寧な対応が必要なときのワンランク上の会話テクニック

敬語として間違っていなくても、ちょっとした表現が相手の気分を損ねてしまうことがある。人に何かを頼むときや、仕事を断るときなどはいつも以上に慎重な対応を心がけたい。ここでは、ふだん使っている表現をより丁寧にしたり、柔らかく表現するためのテクニックを紹介する。ここにあげたような定型文を頭に入れて、さまざまな局面で使ってみよう。

POINT 1

ひと言加えるだけで印象アップ

少し頼みにくいことをお願いするときには、ふだんの会話よりも少しだけ気を遣って会話をしたいもの。そんなときには下のような「クッション言葉」を入れれば、相手の気持ちを害することなくお願いをすることができる。

× 「書類をまとめるのを手伝っていただけませんか?」

↓

○ 「お手すきでしたら 書類をまとめるのを手伝っていただけませんか?」

▶▶▶ よく使うこんなフレーズ

失礼ですが　あいにくですが　おそれいりますが　お手数ですが

POINT 2

「改まり語」の活用で、より丁寧な印象に

取引先との商談などで、ふだん以上に丁寧な対応が求められる場面では「改まり語」が効果的。右の例であげたような表現を使うだけで、会話が引き締まった印象に変わる。基本的に和語よりも漢語の方が改まった表現に聞こえるが、あまり使いすぎると耳ざわりなので、ほどほどに使うこと。

改まり語　和語よりも漢語の方が改まった印象に

きょう	➔	ほんじつ	ちょっと	➔	少々
こんど	➔	このたび	送る	➔	送付する
でも	➔	しかし	頼む	➔	依頼する
あとで	➔	のちほど	買う	➔	購入する
どこ	➔	どちら	確かめる	➔	確認する
すぐに	➔	早急に	書く	➔	記入する

POINT 3

直線的な表現を避けて柔らかい表現を

ときには、はっきりと「できない」と伝えることも大切だが、その言い方にも、ちょっとしたテクニックを織り交ぜてみよう。右のような言い換えは、しっかりとした意思表示をしつつ、より丁寧な印象を与えるのでおすすめしたい。

できません	➔	いたしかねます
わかりました	➔	かしこまりました
わかりません	➔	わかりかねます

思わず使ってしまう

「マニュアル敬語」「二重敬語」など

間違った敬語

間違った敬語は印象を悪くするだけでなく、ときには相手に対して非常に失礼な物言いになってしまう。ここではとくに間違いの多い敬語を選んで紹介。ふだん自分が使っている敬語を思い浮かべながら、改めて自分の言葉づかいをチェックしてみよう。

✕「部長、こちらの見積書 のほう① 、ご覧になられましたか?② 」

↓

○「部長、こちらの見積書は、ご覧になりましたか?」

✕「お客様が、この金額ならば他をあたると 申しています③ が……」

↓

○「お客様が、この金額ならば他をあたるとおっしゃっていますが……」

① マニュアル敬語

サービス業などで使われ、間違った敬語をマニュアル化してしまっている企業もあることから「マニュアル敬語」と呼ばれている。例のように「〜のほう」のほかに、金銭の授受の際に「○○円“から”お預かりします」などがある。

② 二重敬語

丁寧に話そうという意識が強すぎて、間違った用法になってしまう「二重敬語」。この場合は「ご覧」が、敬語表現なので、そこに「なられましたか」と二重につけるのは誤り。非常に多く見られる間違いなので注意したい。

③ 尊敬・謙譲語のミス

「言う」の尊敬語は「おっしゃる」、謙譲語は「申す」。これを取り違えてしまうと非常に失礼になってしまう。ふだんからビジネスで頻繁に使う言葉の尊敬語、謙譲語のチェックをして、正しい用法で使えるようにしよう。

PART 3 電話対応のコツ トラブルを減らす

交渉、クレーム処理など電話は重要なビジネスツールだ。
トラブルを防ぐためにもマナーを押さえよう。

基本のフレーズ 電話対応の基礎となる受け答え例

顔が見えない状況では、ささいなことが誤解を招く

仕事の連絡方法として最近はメールがメインになってきたが、直接、話ができるという点において、電話はまだまだビジネスの現場で大きなウェイトを占めている。しかし相手の顔が見えない電話では、何気ないひと言が自分の意図しない方向に解釈されたり、相手の怒りを買ったりすることもある。電話対応の基本は、しっかりとした言葉づかいと、明るい印象。ここではまず、必ず押さえておくべきフレーズを紹介する。まずはこれらの言い回しをおさらいし、より高度な電話対応術を身につけていこう。

（場面別フレーズ）

場面	フレーズ
電話に出る	はい、海山商事でございます。
電話に出る（3コール以上）	お待たせいたしました、海山商事でございます。
付き合いのある会社や人	いつもお世話になっております。
聞き取りにくい	恐れ入りますが、少々お電話が遠いようですが……。
聞き逃した	申し訳ございません、もう一度お願いいたします。
了承する	はい、かしこまりました。
ほかの人や部署につなぐ	少々お待ちくださいませ、担当部署におつなぎいたします。
	少々お待ちくださいませ、担当の者と替わります。
折り返しの確認	戻りましたら、こちらからお電話を差し上げましょうか？
電話番号をたずねる	お電話番号をお伺いしてよろしいですか？
電話を切る	私、高橋が承りました。失礼いたします。

取り次ぐときのフレーズ

離席している or 接客中のとき　CACE 1

「食事」や「トイレ」など、なぜ席を外しているかは言う必要がない。一律にこの言い方でOK。

鈴木は席を外しておりますが、
いかがいたしましょうか？

電話中のとき　CACE 2

取り次ぐ相手が電話をしている場合は、基本的にはこちらからの折り返しを提案しよう。

ただいま、ほかの電話に出ております。
こちらから折り返してもよろしいでしょうか？

休暇中のとき　CACE 3

休みのときは次の出勤がいつになるかを明らかにして、先方がどのような対応を望むかを聞く。

鈴木は本日お休みをいただいております。
明日には出社いたしますが、いかがいたしましょうか？

遅刻をしているとき　CACE 4

遅刻の事実を相手に伝えるのは厳禁。出社時間は少し余裕を持って伝えておこう。

鈴木は立ち寄りがございまして、
○時ごろには出社する予定です。

会議中のとき　CACE 5

会議中は基本的には取り次がないが、相手の用件を聞いて、緊急時には取り次ぐことも必要。

鈴木は会議中でございます。
お急ぎでございますでしょうか？

言い換える言葉 聞き取りにくい言葉は必ず復唱する

金銭や時間は念のために メールなどで証拠を残そう

金銭に関わるようなことや、待ち合わせの時間などは、できる限りメールなどの文書を残す方が確実。だが、どうしても電話でやりとりをしなければならないときは正確に伝わるように注意したい。もしも数字や時間などが間違って伝わってしまえば、莫大な損失につながりかねない。電話でのやりとりの際には念には念を入れて、言い換えテクニックを使って復唱をしよう。とくに携帯電話でのやりとりは要注意。

（確認しておきたい事柄）

1 アルファベット

電話でメールアドレスをたずねるときなどでアルファベットを聞く場合は、“G”と“E”などとくに間違いやすいものを「Golf のＧですね」と単語にして復唱するのが理想的。少しでもあやしいと思ったら確認しておこう。

2 数字

数字の間違いも電話ではよくあること。1（いち）と7（しち）など似ているものは「なな」と言い換えたり、2（に）を「ふた」と復唱するなど、工夫しよう。ただ、数字に関しては必ずあとから同じ内容をメールするなどして、再確認を！

3 日にち・時間

日にちを確認するときには、カレンダーと照らし合わせて、「2月21日、月曜日ですね」と曜日も合わせて伝えれば間違える可能性は大きく減る。時間は「明日の午後2時、14時に伺います」と午前・午後と24時間式を組み合わせて話すといい。

4 漢字

名前の漢字を間違って記載することは先方の印象が良くない。「カワダ様のカワの字は三本川と、さんずいの河のどちらでしょうか？」などと必ず確認をしておく。自分の名前に関しても、ふだんからわかりやすい言い方を考えておこう。

とっさのときの英語

電話で使える英会話フレーズ

担当者に
つなぐだけでもOK

英語とは関係ない部署なのに、外国の顧客から英語で電話が……。そんなときでも、担当者につなげるくらいの英会話はできるようにしておきたい。「聞き取りは少しできるが、話せない」という人も、ここにあげたフレーズを組み合わせれば、最低限の会話は可能。肝心なときに会話を成立させるためにも、対応フレーズぐらいは習得しておこう。

担当者につなぐ CACE 1

Hello, This is ABC Company.
(もしもし、こちらはABC社です)

May I have your name, please?
(どちら様でしょうか?)

May I have your company name, please?
(会社名をお願いいたします)

Whom would you like to speak to?
(誰におつなぎいたしますか?)

Hold on please.
(少々お待ちください)

対応別フレーズ CACE 2

Would you like to leave a message?
(伝言はございますか?)

May I have your phone number?
(お電話番号をいただけますか?)

I' m sorry but could you speak more slowly?
(申し訳ありません、
もう少しゆっくり話してください)

I' ll get someone who speaks English.
(英語ができる者と代わります)

担当者が不在 CACE 3

He is not in right now.
(席を外しております)

He is on another line right now.
(他の電話に出ております)

He is at a meeting right now.
(会議中です)

He is out now.
(外出中です)

He is on a business trip.
(出張に出ております)

He has already left for home today.
(本日は帰宅しました)

He is off today.
(本日はお休みをいただいています)

PART 4

ビジネス文書の書き方 仕事がはかどる

デジタルの時代に移行しても、紙文書の重要性は変わらない。
作成時の決まりごとや使える定型文を紹介する。

社外文書　使う頻度の高い文書フォーマットを紹介

紙文書は決まりごとが多い 基本に忠実に作成を

ビジネスの重要な局面では、まだまだ紙文書の存在が大きい。ここでは社外に出す文書の基本解説と、文書目的別のポイントや注意点を紹介する。同じ社外文書でも、用途別に見やすさや印象をアップするさまざまなコツがある。基本的な体裁はしっかりと守りつつ、ここで紹介するテクニックや注意点を意識して、質の高い文書を作成しよう。

宛名
宛名は省略せずに書くのが鉄則。(株)と書くのは避け、「株式会社」ときちんと書き、正式な会社名を記載すること。

日にち・文書番号
文書の右上には必ず日付を入れる。また、会社によっては通しの文書番号をつける必要があるが、その場合もこの位置に記入。

○○○○年○月○日

株式会社　海山商事
販売部　佐藤三郎様

株式会社　川森産業
営業部　山本　花子

発信者
宛名と同様に省略表記はNG。位置は図の通りに先方の宛名よりも下げた場所に記載をするのが正しい。

件名
余計な装飾はせず、本文の内容がひと目でわかるような件名を書く。文字は大きく、太字にするなど最初に目が行くような工夫を。

新製品発表会のご案内

拝啓　立春の候、貴社ますますご隆盛のこととお慶び申し上げます。
平素は格別のご高配を賜り、誠に有難うございます。
　さて、この度弊社では○○○年の新ラインナップを発売いたします。
　つきましては新製品発表会を下記の通り開催いたします。
ご多忙のところ大変恐縮ですが、是非ご来場賜りますよう、
ご案内申し上げます。

敬具

記

1. 日　時　○月○日　午後○時○分～午後○時○分
2. 場　所　○○ホール

以上

本文
用件が長くならないようにまとめて書く。本文には定型の挨拶文があるので必ず冒頭に入れること。

別記
日時など、重要な項目に関しては図のように「記」として、箇条書きにする。ここだけ見れば必要なことがわかるように書こう。

結び
文書の枚数が一枚であっても、相手を混乱させることがないように、最後は「以上」と締めくくるのを忘れずに。

（社外文書作成のポイント）

督促状

○○○○年○月○日

株式会社　海山商事
販売部　佐藤三郎様

株式会社　川森産業
営業部　山本　花子

ご入金確認のお願い Ⓐ

拝啓　時下ますますご清祥のこととお慶び申し上げます。

　さて、○月○日にご請求申し上げました製品代金のご入金が弊社において確認できておりません。

何らかの手違いとは存じますが、ご確認をお願いいたします。

ご多忙中とは存じますが、万一、ご入金がお済みでない場合は所定の口座にお振り込みいただきますようお願い申し上げます。 Ⓑ

　なお、本状と行き違いにすでにご入金いただいた場合には何卒ご容赦ください。

敬具

督促状は、たとえ明らかに先方に責任があっても、Ⓐのように「お願い」などを使い、強い文体は避ける。本文もⒷのように相手を気遣いながら入金をうながすような姿勢が次につながる。

注文書

○○○○年○月○日

株式会社　川森産業
営業部　山本花子様

Ⓐ
株式会社　海山商事
販売部　佐藤三郎
〒000-0000
東京都○区○○2-3

注文書

拝啓　時下ますますご清栄のこととお慶び申し上げます。
　さて、早速ではございますが貴社お取り扱い商品を下記のとおり注文をいたしますので、よろしくお願い申し上げます。

記

1　商品名　○○○○（商品番号●●-●●）
2　数量　20ケース
3　納期　○○○年○月○日
4　納入先　弊社販売部
Ⓑ

敬具

注文書作成の際は郵送による納品などに備えて、宛名部分にⒶのように住所を記載するのが親切。発注の内容や数量などはⒷを参考に、できる限り細かく別記に記載しておくこと。

FAX送信状

ファクシミリ送信状

株式会社　海山商事
営業部
佐藤三郎様

●送信日　○○○○年○ 月○日
●送信枚数　6枚（本状含む）

☑ ご確認ください。
□ 折り返しご連絡ください。
□ こちらからご連絡いたします。

平素は格別のご高配を賜り、誠に有難うございます。

先日ご依頼いただきました弊社新製品の仕様書を送付いたします。

ご不明な点などございましたら、ご連絡をお願いいたします。

株式会社　川森産業
営業部　山本花子
〒000-0000　東京都○○区○○町 1-1-1
TEL 03-0000-0000
FAX 03-0000-0000

メールと違い、部署ごとに届く形式にしている会社が多い。部署や会社ごとに共通の送信状を作成しておけば、受け取った側はひと目でどの会社から来たかわかるので便利だ。

お詫び状

○○○○年○月○日

株式会社　海山商事
販売部　佐藤三郎様

株式会社　川森産業
営業部　山本　花子

不良品のお詫び

拝啓　平素は格別のご高配を賜り厚く御礼申し上げます。

　このたびは、弊社製品不具合の件でご迷惑をおかけし、誠に申し訳ございませんでした。

ご返送いただきました製品を調査いたしましたところ、ご指摘の通り電源が入らなくなる不具合が発生いたしました。

原因につきましては今後さらなる調査を重ね、別途ご報告させていただきます。 Ⓐ

今後はこのようなことがないよう検査体制を強化し、今まで以上に細心の注意を払い製品作りをしていく所存でございますので、 Ⓑ 何卒ご寛容いただき、今後とも弊社に変わらぬご愛顧をいただければ幸いです。

敬具

お詫び状は通常のクレーム処理と同様に、謝罪と対応を明確にすることが求められる。たとえ原因がわからなくてもⒶのように今後の調査を約束し、Ⓑの位置で会社としての対応を示そう。

手紙　基本をしっかり守って礼儀正しく

アレンジせず、形式通りに作成を

文書の中でも、もっとも決まりごとが多いのが手紙だ。時候のあいさつや結びなど、定型の内容だけでなく、項目を書く位置にも決まったマナーがある。手紙の場合はアレンジを加えず、形式にのっとって作成したい。手書きで書く場合には、字が下手であっても丁寧に書けば、必ず相手に誠意が伝わるはずだ。

日付

日付は高さを少し下げて書き、「宛名」と頭が揃わない配置にするのが、見た目にも礼儀的にも望ましい形になる。

本文

本文は簡潔なものが望ましい。あまり堅すぎる文章にする必要はないが、通常使う言葉よりも丁寧な文体を心がけよう。

宛名

差出人の位置とは反対に、先方の名前はもっとも高い位置に配置。「差出人」との対比でより高い場所にあるように見せよう。

差出人

差出人は必ず、高さを一番下にする必要がある。例のように「敬具」と下揃えをすると、全体の見た目もキレイだ。

末文

用件を締めくくる挨拶文を入れる。乱筆のお詫びや、相手の健康を気遣う言葉を使うのもいい。文例は127ページを参照。

頭語・結語

一般的な手紙では「拝啓」と「敬具」の組み合わせが便利。より丁寧な手紙は「謹啓」で始め、「敬白」か「謹言」で締めよう。

前文

最初にあいさつ文を入れる。季節に合わせた挨拶文を入れるのが一般的。次ページの例文を組み合わせて使えば簡単に作成できる。

拝啓　新緑の候、貴社ますますご健勝のこととお慶び申し上げます。
平素より格別のお引き立てを賜り、ありがたく御礼申し上げます。

さて、過日弊社が開催いたしました商談会に際しまして、ご多忙のところご臨席いただき、まことに有難うございました。
今後とも更なるご指導の程よろしくお願い申し上げます。
まずは略儀ながら、書中にてご通知かたがたご挨拶申し上げます。

敬具

令和〇年〇月〇日

株式会社　海山商事
代表取締役　海山四郎

株式会社　川森産業
代表取締役社長　川森五郎　様

ビジネスの現場で重宝する、書類の折り方

Z折り　DM・チラシ

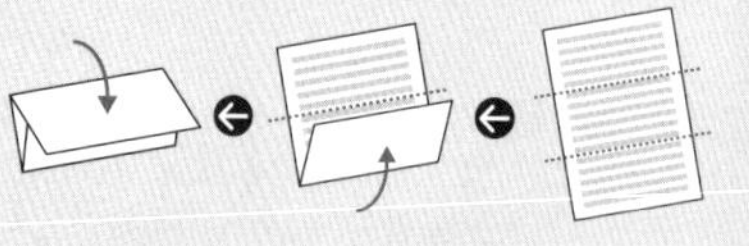

巻き三つ折り　重要な書類

苦労をして作った文書をしっかり読んでもらうために、折り方も工夫してみたい。ビジネスでおもに役立つ折り方は２つ。まずDMやチラシなど、すぐに相手の目にふれてほしいものは「Z折り」を使おう。３等分に折る最後の工程で文章側が表に来るようにZ形に折る。封筒から出してすぐタイトルなどが目に入るようにするためだ。反対にほかの人に見られてはいけない文書は、開かなければ中が見えないように「巻き三つ折り」を使う。こうして折り方にいたる細部まで気を遣うことで、先方に対しての気遣いを表わしていきたい。

さまざまなあいさつ文　知っておきたい定型文

かたく考えすぎず、自分の言葉を使って書いてみよう

文書で使うあいさつには、ふだんの生活では使わない言葉も多い。作成に自信がない場合は、ここで紹介する例を組み合わせて文章を書こう。しかし、決まった例文を組み合わせるだけでは相手の目を引く文書にならない。ときには結びのあいさつなどでオリジナルの文章を作ろう。あまりかたく考える必要はなく、季節や出来事などの話題や相手を気遣う様子などを、下の例文を参考に書いてみてほしい。

時候のあいさつに続く定型あいさつ文

- 貴社におかれましてはますますご盛栄のこととお慶び申し上げます。
- 貴店いよいよご隆昌の由、心よりお慶び申し上げます。
- 皆様にはますますご清祥のこととお慶び申し上げます。

一般的な結びのあいさつ

- 取り急ぎ、ご報告申し上げます。
- 略儀ながら、書中をもちましてご挨拶申し上げます。
- 貴社のさらなるご発展を心よりお祈り申し上げます。
- 今後も倍旧のご支援ご厚情を賜りますよう、お願い申し上げます。
- ご多用の折、恐縮ではございますが、ご返答のほどお願い申し上げます。

季節を意識した結びのあいさつ

- 本年も変わらぬお付き合いのほど、宜しくお願い申し上げます。
- 春の訪れを感じる昨今、皆様のご健勝を心よりお祈り申し上げます。
- 暑さ厳しき折、健康にはくれぐれもご留意ください。
- 朝晩はめっきり冷え込んでまいりました。どうぞご自愛ください。
- 年末に向けご多忙のことと存じますが、どうぞお健やかにお過ごしください。

季節を限定しない結びのあいさつ

- 時節柄、どうぞご自愛ください。
- 今後とも変わらぬお付き合いのほど、宜しくお願い申し上げます。
- 皆様方のご健康とご多幸を心よりお祈り申し上げます。
- 乱筆乱文のほど、ご容赦ください。

時候のあいさつ	
1月	初春の候 大寒の候 新春の候
2月	晩冬の候 立春の候 残寒の候
3月	春分の候 早春の候 浅春の候
4月	陽春の候 仲春の候 春暖の候
5月	若葉の候 薫風の候 立夏の候
6月	入梅の候 深緑の候 初夏の候
7月	盛夏の候 大暑の候 猛暑の候
8月	晩夏の候 残暑の候 季夏の候
9月	初秋の候 新涼の候 爽秋の候
10月	仲秋の候 秋涼の候 秋雨の候
11月	深秋の候 暮秋の候 向寒の候
12月	師走の候 歳末の候 初冬の候

PART 5

ビジネスメールの書き方

できる！と唸らせる

もはや仕事をすすめる上で欠かせなくなったメール。
さらに効率よく活用するためのノウハウを伝授する。

メール本文書式例

メールならではの気配りを大切に

メールの見やすさ、読みやすさには個人差が出やすい

手紙などと違い、メールには「必ずこうしなければいけない」というルールは少ない。しかし決まった形がないからこそ、メールの見やすさは個人差が出やすいものだ。ここではまず、基本的なメールを書く上で注意すべき点やちょっとしたテクニックを解説する。日々必ずと言っていいほど使うツールなので、少しでも印象の良いメールを作成できるようにしよう。

件名：○月○日の打ち合わせについて
差出人：株式会社　川森産業　営業部　山本花子

宛先：株式会社　海山商事
販売部　佐藤三郎様

いつもお世話になっております。
株式会社　川森産業の山本でございます。

早速ですが、次回打ち合わせの日程が
以下のように決定いたしましたのでお知らせいたします。

■日時　○○○○年○月○日（月）
午後○時から○時
■場所　弊社５階会議室

以上となります。

お忙しいところ恐縮ではございますが、
何卒よろしくお願い申し上げます。

株式会社　川森産業
営業部　山本花子

〒000-0000　東京都○区○○2-3
Tel　03-0000-0000
Fax　03-0000-0000
Email　h-yamamoto@00.co.jp

件名・差出人名は省略せずに書く

件名は簡潔に、しかも概要がすぐにわかるようなものにしよう。差出人表示はメールソフトの設定で、会社名＋部署名＋名前としておくのが理想。アドレスのままだと相手を混乱させてしまう。

改行を使うと見やすいメールに

ディスプレイ上で文章を読むときは、一行が長いと読みにくい印象を与えてしまう。改行を多く使い、一行ごとの長さだけでなく段落もいくつかに分けて見やすいメールを心がけよう。

情報のまとめには罫線や箇条書きを使用

日時・場所・時間・金額など、重要な内容は例のように罫線で囲み、箇条書きをする。こういった情報を文章の中に入れてしまうと、見過ごされてしまう可能性が非常に高くなる。

署名はコンパクトにわかりやすく

署名は名前だけでなく、住所や電話番号などのデータをまとめたものを毎回記載する。自社宣伝用のブログやツイッターなどがあれば、アドレスを署名の最後に記載しておいてもいい。

メール作法 送り先のPC環境に配慮して送る

技術面の理解を深めて先方との確実なやりとりを

メールを使う上での作法は、相手への気遣いだけではうまくいかない。メールに関する技術的なことを、どれだけ知っているかということが重要になってくる。ここでは比較的起こりがちな2つの事例を紹介する。メールを送る前に確認をしておかないと、先方が「文字が読めない」「送られたファイルが開けない」という状態におちいってしまうので、細心の注意を払いたい。

添付ファイルを送るときは相手に確認をとっておく

自社で当たり前に使っているソフトでも、業種が違えばまったく使う必要のないソフトもある。代表的なものは以下の3つだ。これらを送る場合は可能な限りPDFなどに変換して送ろう。

〈とくに注意したい拡張子〉

psd	Adobe Photoshop	大きなシェアを持つ画像編集ソフト。導入している企業も多いが一応注意したい。
ai	Adobe Illustrator	有名な描画ツールソフトだが、デザイン系の会社でなければまず入っていない。
pptx	Microsoft PowerPoint	プレゼンソフトとして多くのシェアを持つが、相手も導入していると思い込むのは禁物。

機種依存文字は使わない

下の例にあげた「機種依存文字」は、PC環境の違いで表示ができなかったり、異なる文字として表示されたりしてしまう。最近のOS同士なら、この問題は解消されつつあるが、企業によっては古い環境のままの場合もあるので、使用は控えよう。

〈機種依存文字〉

分類	例
単位記号	㍉ ㌢ ㍍ ㌘ ㌶ ㍗ ㌍ ㌦ ㌫ ㎜ ㎝ ㎞ ㎡ ㎎ ㎏ ㏄ など
○付き数字	① ② ③ ④ ⑤ ㊤ ㊧ など
ローマ数字	Ⅰ Ⅱ Ⅲ Ⅳ Ⅴ など
常用外漢字	髙 﨑 彅 など
省略文字	㈱ ㈹ ℡ № など
年号	㍻ ㍼ ㍽ ㍾

効果的なタイミング ワンランク上のコミュニケーション

メールは電話や郵送を組み合わせて効果的に

メールは電話のように相手を捕まえる必要もなく、郵送のように時間がかかることもないので、ビジネスシーンではおもな連絡方法になっている。ここでは、メールとほかの手段を組み合わせて使うことで、より確実で質の高いやりとりにする方法を紹介する。電話・郵送・メールのそれぞれの長所と短所を理解して効果的な使い方を心がけよう。

見積り依頼

見積書をもらう前に2段階で確認を

まず電話で簡単に趣旨を説明しておく。その後、メールで詳細をやりとりしてから郵送をしてもらう流れにする。

電話 ↓ メール ↓ 郵送

書類送付

送付前の許可と送付後の確認を

文書を郵送で送る際は、送る前にまず電話をして確認。郵送後にメールで「本日お送りしました」と伝える。

電話 ↓ 郵送 ↓ メール

仕事の教科書 mini

10倍成果が上がる!

話し方の極意

オールカラー

2023年4月3日　第1刷発行

STAFF

デザイン・組版　櫻井ミチ

編集協力　有限会社ヴァリス

表紙写真　Kelly marken / Fotolia.com

写真素材　Fotolia.com

発行人　土屋 徹

編集人　滝口勝弘

編集担当　浦川史帆

発行所　株式会社Gakken

〒141-8416

東京都品川区西五反田2-11-8

印刷所　凸版印刷株式会社

〈この本に関する各種お問い合わせ先〉

●本の内容については

下記サイトのお問い合わせフォームよりお願いします。

https://www.corp-gakken.co.jp/contact/

●在庫については

☎03-6431-1201(販売部)

●不良品(落丁、乱丁)については

☎0570-000577

学研業務センター

〒354-0045　埼玉県入間郡三芳町上富279-1

●上記以外のお問い合わせは

☎0570-056-710(学研グループ総合案内)